風雷一聲響，憾山千仞崗，氣蓋山河，風雲因而變色，寰宇為之改變！**旭**日海中升，朝霞滿山林，雲淡風清，社會因而祥和，人類為之燦爛！

或叱吒風雲如希特勒，或教化人類如釋迦牟尼。**不同的抱負，各異的實踐**；各擅專長，成就了功業，改變了歷史。

難免的，滿懷熱情改革、堅持奉獻者有之；**夾雜權力和野心，亦不乏其人**。且留後人評斷。

經由風雲人物的真實故事，瞭解其人行為背後原因、動機，詮釋其人的經歷和遭遇，甚至生命的意義。讓我們快速穿透一位前賢的行誼；甚至於別人知道他有多麼偉大，而你卻知道他在別的一面沒那麼偉大！**看清一生的過程與真實**，讓他的生命在我們的時空多活一次，**助解我們自己的問題**。

閱讀吧！「**今人不見古時月，今夜曾經照古人**」，「傳記」給你！

改變歷史的
風雲人物004

The Autobiography of Benjamin Franklin
富蘭克林

著｜班傑明・富蘭克林
譯｜蒲隆

譯者導言

愛默生有一本著作叫《代表人物》，論述柏拉圖、斯維登堡、蒙田、莎士比亞、拿破崙、歌德等六位世界偉人。若要選一名美國「代表人物」，而且只選一人，我想，非富蘭克林莫屬了。我這麼說有三點理由。

第一，富蘭克林的經歷與美利堅民族的成長過程有著驚人的相似之處。一六二〇年，英國的幾十名清教徒不堪忍受英國國教的迫害，便租乘「五月花號」帆船漂洋過海，歷盡艱險，經過六十六天航行，到達美洲，建立一個以清教徒為核心的「普利茅斯殖民地」。雖然不是英國在美洲建立的第一個殖民地，而是第二個，但無疑是影響最深遠的，此後移民源源不絕。有以波士頓為中心的「麻塞諸塞海灣殖民地」，將普利茅斯合併進去。往後不同教派、不同民族的移民接踵而來，新的殖民地陸陸續續建立，如賓夕法尼亞的移民主要是貴格會教徒，有相當一部分是德國人。在一七七六年七月四日《獨立宣言》發表以前，已經有十三個殖民地。這十三個殖民地都在東岸，合眾國成立後，移民便不斷地西進，疆域一直擴展到西岸。這個新生的國家不斷吸納外來移民，不斷發展壯大，到第一次世界大戰，已經成了一個舉足輕重的強國，此後一百年的發展當代人有目共睹。

富蘭克林是清教移民的後代，出生在麻塞諸塞海灣殖民地的中心波士頓，就在「五月花號」到達美洲一百餘年後。一七二三年，十七歲的少年富蘭克林不堪忍受哥哥的虐待，也忍受不了因寫文章引起的殖民地政府和清教善男信女們的敵視，隻身一人搭船南下。一路上千辛萬苦，經紐約，再到費城，從學徒做起，靠自己的勤奮、智慧自立門戶，成為一名成功的印刷商，又辦報紙，又當郵政局長，從事公益事業，出任殖民地議會議員，最後成為開國元勳之一。富蘭克林樂觀、寬容、積極進取的個性體現整個民族的性格。富蘭克林處理問題的手法也給日後美國的國策提供樣板，最典型的就是《自傳》中他寫的「告蘭開斯特、約克、坎伯蘭三縣居民書」，將利誘與威脅結合起來，這不就是美國一貫奉行的「胡蘿蔔加大棒」的原始版嗎？

第二，從以上簡要敍述可以發現，富蘭克林正好就是窮小子積極上進最後一定會獲得成功，所謂「美國夢」的體現者。

第三，美國有一種土生土長的哲學——實用主義，嚴格說起來，富蘭克林雖不是哲學家，也不是這種哲學的創立者，但他的思想行為莫不體現出這派哲學重視實驗、實效、實用的三大特點。思想產生行為，行為必有效果，要研究思想正確與否，與其從思想本身辯論，倒不如看它行為的效果如何。一個學說如果能夠解決問題和困難，就是真理，猶如能把病人治好的處方就是良方一樣，效用就是檢驗真理的標準。這代表實驗室的精神，也代表美國人一直崇尚功利的態度。我從沒見過哪本書使用 use 這個詞的頻率有《自傳》這麼高。

由此看來，富蘭克林無論從生活經歷上，從人生理想上，甚至從哲學理念上都是個道道地地的美國「代表人物」。無論是愛默生論述的六個代表人物，還是我在這裡說的這位美國代表人物，因為都是民眾的「代表」，就不可能是橫空出世、天馬行空、獨來獨往的天才。富蘭克林是一位順應時勢，靠自己勤學苦幹的通才。所以愛默生《代表人物》的思想與「時勢造英雄」的觀點相當吻合。富蘭克林無疑是一位文化英雄，造就這位英雄的時勢又是怎樣的呢？

富蘭克林生於一七〇六年，卒於一七九〇年，他的一生幾乎貫穿整個十八世紀。在思想史上，十八世紀被稱為「啟蒙時代」，又被稱為「理性時代」。主張理性，推崇科學，破除迷信。偉大的科學家牛頓在一六八七年出版他的《數學原理》，揭示了一個按一定規律井然有序運轉著的宇宙，這是智力健全的男男女女可以認知的，它並不是一個無法探知的上帝隨心所欲地驅動著的神祕東西。到了十八世紀，研究科學蔚然成風，從王公貴族、宮廷仕女到廣大民眾，關心研究科學成了一種時尚，這從《自傳》中也可略見一斑。時不時有人從英國到北美巡遊講學，富蘭克林正是聽了關於電的講座後才開始對這門學問感興趣。一位經營印刷所的老闆，後來又有公務纏身，居然在電的實驗與觀察中做出巨大的貢獻，可見當時人們對科學的興趣。從《自傳》中得知，參觀實驗的人絡繹不絕，富蘭克林只好另外找人協助，而此人之後居然靠為人講授、演示實驗賺了一筆錢。這種局面可能與我們一度熱衷氣功的情況不相上下。

牛頓的宇宙論引起宗教觀的重大轉變。牛頓的科學觀並非把上帝打翻在地，而是仍然承認上帝創造宇宙，是「第一動力」。但祂創造宇宙後，就讓宇宙按照設計好的規律運轉。這樣，宇宙就像是一只鐘錶，上帝是這宇宙鐘的製造者。祂不像加爾文教所認為的那樣無處不在，無時不在，時時處處都在干預人間事務，而是把自己的意志體現在日月星辰、風雨潮汐、山川草木、飛禽走獸以及萬物靈長的人類身上。這就是所謂的「自然神論」。在宗教史上，十八世紀是自然神論風行的時代，《自傳》不只一處講到作者的宗教觀。富蘭克林對宗教儀式的淡漠，對各宗各派教規、教義的不以為然，就是以這種自然神論為出發點。

既然宇宙按一定規律運轉，那麼人類社會一定也有規律可循，於是十八世紀的有識之士力圖發現並運用這些規律改良社會。由於對科學的尊重減弱對神的尊崇，也減輕人們對奇蹟、對聖書、對國王教士神聖不可侵犯的迷信，而更專注於人本身，於是慈善事業開始興盛。在這種風氣的影響下，富蘭克林重視公益事業，從鋪馬路、清垃圾、設路燈、消防、巡夜等發展到辦公共圖書館、辦學校、辦醫院、建立民兵防禦體系。富蘭克林是宣導者，帶頭捐款，但沒有眾人的回應配合，他一個人成不了氣候。我個人覺得，有的人為了取得成功，可以養成富蘭克林的勤奮、節儉、節制、謙卑等美德；有的人當了官，除了作秀，也可以為大眾服務辦事，留一些政績。但富蘭克林許多公益事業都是他身為一介平民時提議、奔走、鼓吹、出資興辦的，而且總是小心謹慎不把功勞往自己身上攬，這點對於固守「不在其位，不謀其政」觀念的人來說實在可感可嘆！

要建立一個美好的社會，人人從我做起，從小事做起，固然很重要，但解決根本問題還是要依賴政府，因為它掌握著百姓的命運。於是啟蒙時代的人把目光投到政府身上。英國哲學家洛克一六九〇年發表《政府論》否定「君權神授」的觀念，提出有名的「社會契約」論。按照這種觀點，政府是人們之間達成的「社會契約」產物，按照這個契約，人們把一定的自由交給政府，以保護自己生命、自由和財產的天賦權利，交出自由並不意味著就永遠喪失這些自由，政府如果違反天賦權利壓迫弱者，就應當被推翻。理性時代的人主張政治變革，過去人們透過教會解決問題，現在則透過反叛解決。所以在政治史上，十八世紀是一個革命的時代。一七七六年以《獨立宣言》發表為標誌的美國革命（一般稱為「獨立戰爭」）進入高潮，富蘭克林是該宣言的起草委員會成員之一（《獨立宣言》主要由傑弗遜起草，經過富蘭克林與亞當斯的修改）。一七八九年法國大革命爆發，富蘭克林則是美國幾位開國元勳中與法國關係最密切的一位。可惜，富蘭克林的《自傳》還沒寫到他作為革命家的事蹟就去世了。

在文學藝術史上，十八世紀是古典主義（又稱新古典主義）興盛的時代。古典主義推崇古希臘羅馬經典作家的創作規範，反對文藝復興熱情奔放、詞藻浮華的風氣。這個時代的作家注重秩序、邏輯、節制、精準、正確、雅趣、得體，主張文學藝術的實用價值，要為人服務，追求勻稱、統一、和諧、優雅、明晰，避免晦澀、神祕，目的是愉悦、教導、匡正主要作為社會動物的人。它重理智，輕感情，講究才智。富蘭克林的《自傳》雖不屬於詩歌、小説、戲劇這類純文學，但他自小刻意模仿當時《旁觀者》報上那些對英語散文發生過重大影響的勸善文章，文筆平易求實，幽默風趣。富蘭克林一生喜歡讀書，在《自傳》中提到二、三十位作家的作品，其中有普魯塔克的《名人傳》、色諾芬的《回憶蘇格拉底》、班揚的《天路歷程》、笛福的《論計畫》、科頓．馬瑟的《論行善》、洛克的《人類理解論》、羅亞爾港先生們的《思維的藝術》、特賴恩的《健康長壽和幸福之道，或話説節制》、泰弗諾關於游泳及其他人關於航海術和算術等方面的著作等等，可以明顯看出它們的實用性。少年時代的富蘭克林也喜歡詩歌，曾寫過《燈塔悲劇》等兩首敍事歌謠，他哥哥印出來讓他拿到街上叫賣，但他父親不喜歡他「作詩」，認為將來生活指望不上它。但富蘭克林對同時代人蒲柏、德萊頓、艾狄生、愛德華．楊等人的詩作耳熟能詳，隨時能憑記憶引用評述。其實當時波士頓、費城等地文風很盛，讀書作詩寫文章大有人在。從《自傳》看出，他在波士頓時，哥哥辦報，有一幫人為報紙寫文章，他的好友約翰．柯林斯讀書比他更全面。按富蘭克林父親的判斷，柯林斯的文章在文筆的優雅、章法的嚴謹、表達的明晰方面都勝過富蘭克林，富蘭克林只不過是拼寫、標點規範一點而已。不幸，此人後來染上酒癮，毀了前程。在費城，富蘭克林有三個朋友一起讀書作文，互相觀摩切磋，其中一位是立志要當大詩人的拉爾夫，雖然寫詩成就不突出，但他後來成了英國有名的政論作家。富蘭克林投宿過的小店店主竟然效仿約翰．科頓「惡搞」維吉爾《埃涅阿斯紀》的辦法歪改《聖經》。富蘭克林打工的凱默印刷所的工人阿奎拉．羅斯居然詩寫得還差強人意，他死後，老闆凱默打好腹稿直接排出《輓歌》，讓富蘭克林印刷。凡此種種，說明富蘭克林成為一名作家，有其環境薰陶，否則他讀書研討的「共圖社」和會員制收費圖書館無法建立。

在啟蒙時代，富蘭克林被看作美國最偉大、最風光的人物。歐洲人認為他比法國的代表人物伏爾泰偉大，比盧梭聰明。一七八五年，傑弗遜被任命為駐法公使接替富蘭克林，人們向傑弗遜祝賀時，這位後來的美國總統答道：「誰也取代不了他，先生；我只不過是他的接班人。」確實，誰也無法將他取代；他是獨一無二的。

《自傳》無疑是富蘭克林這位代表人物的代表作。它的意義只需讀第六章的「兩封信」就會明瞭，在這裡沒有必要把已經說透的意見再重複換句話說了。富蘭克林的經歷肯定比這本薄薄的《自傳》所寫的豐富得多，我覺得他在材料的取捨上，緊緊把握著這麼一條主線，就是按時代的要求完善自我，造福社會，一切從教育後人著眼。

現在歷史似乎已經不僅是任人裝扮的玩偶，簡直成了任人捏揉的泥巴。玩偶你可以隨心所欲裝扮，但大致模樣還在，是定了型的；泥巴則不然，你想捏成扁的，它就是扁的，你想揉成圓的，它就是圓的。這些年，一些國家和地區的歷史教科書反覆修改，這難道不是在捏揉泥巴嗎？個人歷史的傳記何嘗不是如此！從這個角度而言，我的感覺是，富蘭克林《自傳》的可信度比我讀過的某些名人回憶錄和自述真實得多。我說「感覺」，因為富蘭克林個人的歷史只有他本人最清楚，後人很難全面掌握他成為公眾人物之前的思想行為。富蘭克林的可貴之處就是他敢於亮醜，寫年輕時犯的錯誤，而這些錯誤在我們看來，是不好曝光的「隱私」。如他在第二次去費城的船上，險些上了兩個年輕女子的當（後來才知道她們是妓女，在船上幹偷竊勾當）；別人介紹的對象沒成，惹得慾火中燒，便去尋花問柳，又怕染上性病；他還曾對朋友託他關照的女友心懷不軌，動手動腳，碰了一鼻子灰；與山盟海誓的未婚妻離別後只給她寫過一封信就把她忘在腦後等等。類似的情節可以在郁達夫的日記和盧梭的《懺悔錄》中見到，但郁達夫、盧梭都是在潦倒的逆境中寫這些事情。與其說他們在「懺悔」自己，不如說在「宣洩」憤懣，「控訴」社會。而富蘭克林則是在夕陽無限好的晚年所寫，而且是寫給自己的兒子看。相比之下，一些名人總喜歡美化自己，文過飾非，甚至對眾人皆知的失節行為在回憶錄和自傳中隻字不提，彷彿從沒發生過一樣。這種欺世盜名的做法怎麼能喚起人們的敬仰之情呢？人非聖賢，孰能無過，富蘭克林把這些人所不知的不光彩事寫出來，目的是要警示後人：他跟自己的一些朋友不同的是，他能知錯改錯，才有日後的成功。

上面的幾件事，一般人不肯寫在自傳裡；但常人認為非寫不可的，富蘭克林卻偏偏不寫。遇見一個人，第一印象往往是此人的相貌。但奇怪的是，在《自傳》裡提到的人，都不知道他或她長得怎麼樣，包括他的父母、兒女、妻子等近親屬。船上的兩個年輕女子引誘他幾乎上當，他看上別人的女友，幫他介紹的對象他認為「值得追求」，難道外貌不起一點作用？富蘭克林只描寫一點他父親的體型「他體格健美，中等身材，比例勻稱，結實有力」。富蘭克林不寫外貌，卻喜歡寫人的聲音談吐。例如他說父親「嗓子清亮悅耳」，寫到他樓上住的一位老處女時，說她「愉悅地與我談話」，寫到懷特菲爾德牧師時，說「他的聲音洪亮，談吐清晰，毫不含糊」，又說「聲音抑揚頓挫，達到爐火純青的境界。就算對主題不感興趣，光聽演講也心曠神怡，就像聽了一段優美的音樂」。在談到亨普希爾傳教士時，他說「他聲音優美動聽」。這顯示富蘭克林對音樂的愛好，他在一天二十四小時的行動計畫中專門列了「音樂」一項。也許他把聲音看作一個人的內在品質，透過訓練可以改進，而容貌則是表面的，不可更改，所以他更看重聲音。他對愛慕的T太太這樣描述：「她很有教養，頭腦聰明，舉止活潑，說起話來娓娓動聽。」

富蘭克林也不寫人的衣著打扮，只為他自己破例，說他剛到費城時「穿著工人裝」，半年後衣錦還鄉時「我比以前為他打工時穿得好多了，一身時髦的新西裝，胸前佩戴一只懷錶，口袋裡裝著近五英鎊的銀幣。」這是故意給哥哥看的。

富蘭克林一生到過的官府私宅不計其數，但他從來沒有描寫過任何建築和陳設，倒是對幾乎沒有陳設的一間屋子有所記述：「房間十分乾淨，沒有什麼家具，只有一塊墊子，一張上面擺著一個十字架和一本書的桌子，還有一張她拿給我坐的凳子。壁爐上方是一幅畫，畫的是聖維羅妮卡展現著一塊手帕，上面有基督神奇的血面肖像。」為什麼要寫這種場景呢？富蘭克林說：「我將她作為例證說明，維持一個人的生命和健康需要的收入微乎其微。」

富蘭克林到過很多城市鄉村，但他不描寫景象，他經常在海上和陸上旅行，他也不描繪沿途風光。只有一處可以算得上是景物描寫：「早晨，透過水深測量等法發現離港口不遠，但陸地被大霧籠罩，無法看見。九點左右霧開始升起，就像劇院的布幕，從水面上升起來，露出法爾茅斯鎮、港裡的船隻和周圍的田野。對於長期只見一片汪洋的人來說，這真是一幅令人賞心悅目、美不勝收的景象！更使我們欣喜的是，終於擺脱戰雲瀰漫造成的憂慮。」富蘭克林到英國參觀懸石壇和威爾頓公館、花園和勳爵珍藏的古董，但只這樣提了一筆，再沒有相關的描述。

如果説人的長相衣著、建築陳設、海陸風光，只是外在的表面現象，沒有必要描述，那麼人的感情可算最深邃的內在東西了。但古典主義重理智、輕感情，富蘭克林對親情和愛情更是理性對待，著筆簡略。《自傳》著墨最多的是他父親，而最能體現親情的母親卻一筆帶過「我母親同樣也有強健的體魄，她哺育了自己生的十個子女。」他隻身出走半年後回家時，「我意外地露面使全家驚奇不已」，仍未特別提及他母親。而他的外祖父，因為在科頓・馬瑟的書中提到，説他是「虔誠而又博學的英國人」，富蘭克林竟然寫了一段，還抄錄他的一首詩。可見出身卑微的富蘭克林對親屬中有點名望的人是何等重視。富蘭克林在《自傳》中沒有寫喪親的悲痛，寫他為二老立了一塊碑，上面刻了幾句話，文字可謂精簡到家。倒是寫到兒子因得天花而夭折的事時，說他「悔恨萬分」，因為沒有給孩子接種疫苗，把它當作一個教訓告誡世人。富蘭克林的房客幫他提了一門親事，他承認「這姑娘確實值得追求」，而且「認真追求」過一段時間。這門親事像談一筆生意，富蘭克林要求女方陪嫁一百英鎊替他還債，對方拿不出錢就拉倒了。他的另一門親事是近鄰和老朋友的女兒里德小姐，富蘭克林說「我對她滿心敬佩，無限愛慕，而且我相信她對我也是這樣」。但富蘭克林去了英國，寫過一封信說一時回不來，就把他們的「海誓山盟」忘在腦後。兩年以後回來，里德小姐已經嫁人，但丈夫不知去向，見面後他們又「舊情復燃」，結婚了。富蘭克林寫道：「事實證明她是個賢內助，看顧店面，幫我很多忙，我們齊心協力讓事業興旺，互相努力讓對方幸福。這樣我算盡力改正那個重大的錯誤。」從以上事例不難看出，在對親情和愛情的處理上，富蘭克林不愧是理性時代的代表人物。

富蘭克林《自傳》的魅力在於用樸實親切的語言說事實，用幽默風趣的口氣講道理。我們好像不是在讀一本文謅謅的書，而是在聽一位智慧長者講故事。他能把人與事講得活靈活現，不妨看看他剛到費城時的狼狽相吧！「那時我穿著工人裝，因為像樣的衣服還在海上往這裡運。我折騰一路，身上髒得不像樣，口袋塞滿髒襯衣和臭襪子。人生地不熟，不僅一個人都不認識，而且不知道去哪兒找住處。我旅途勞頓，又是走路又是划船，且沒有充分的休息，餓得前胸貼後背。身上全部的錢就只有一元荷蘭幣，和約合一先令的銅板。銅板我給船家當路費，起初他們不肯收，因為我也有出力划船，但我執意要他們收下。有時人在錢少時比錢多時出手更大方，也許是怕被人看不起的緣故吧！……所以我決定不考慮幣值和麵包名稱的不同，直接向他要一個價值三便士的麵包，於是他給我三個又大又鬆的麵包捲。數量之多讓我嚇了一跳，不過我還是接了過來，由於口袋裝不下，我便兩手臂各夾一個麵包，嘴裡咬一個。……我到碼頭上喝了些河水，加上一塊麵包捲，已經把肚子撐大，我便把剩下的兩個麵包給跟我同船的一個女人和她的孩子，她們還有更遠的路要走。」

富蘭克林講起道理，淺顯風趣，更讓人折服。如說到倫敦商店開門晚時，他評論道：「倫敦的居民寧願在燭光下生活，在日光下睡覺；又常抱怨對蠟燭課稅，燭油價太高，真是有點荒唐。」再聽這樣的評述：「人因把握千載難逢的機會而得幸福者寥寥可數，由日積月累的小惠而生者比比皆是。你若教一個窮小子如何刮鬍子，如何保養剃刀，也許你對他一生的快樂做出的貢獻勝於給他錢。錢會花光，只剩下胡亂花用的悔恨。但若教會他刮鬍子，免除一連串的苦惱，不必苦苦等待理髮師，不用碰他們髒兮兮的手指，不用聞他們臭烘烘的氣息，不必忍受他們硬刮的疼痛；想什麼時候刮鬍子，全看自己的方便，工具順手，操作自如，天天享受著這樣的樂趣。」譯到這類議論，我不由得想起蘇東坡讀王安石《桂枝香》一詞後的嘆語，「此老乃野狐精也！」翻譯《自傳》時，我想起翻譯過的培根《隨筆》，感興趣的讀者不妨仔細比較，二者相通的地方太有意思了。

《自傳》頁數不多，但內容極其豐富，涉及政治、經濟、宗教、法律、新聞、出版、民族、移民、軍事、教育、讀書、寫作、醫療、衛生、城建、公益、消防、航海、婚姻、習俗、文學、科學、邏輯、辯論、修辭、飲食、治安、交友、健體、修身、養性、信仰、外語學習等人類生活的各個方面。這些除了教育價值外，還極具史料價值。富蘭克林少年時代就刻意模仿《旁觀者》報上的文章，後來幫哥哥印報，在報上發表匿名文章。在費城自己辦報，寫文章，因此知道如何用最經濟的文字傳達盡可能多的資訊，給人盡可能多的教益。自傳和回憶錄很容易枝蔓無邊，收束不住，給人主題不清、用意不明的印象，而富蘭克林的《自傳》完全不是這樣。它就像一座精心修剪過的古典園林，布局周正，主題分明，設計者認為多餘的東西無論多麼好看，也一律刪除。

富蘭克林的《自傳》是美國的第一部傑作，至今仍然是美國著作中讀者最多、影響最大的。我在一九五〇年代就見過中文譯本，不知道解放前還有沒有，近年來聽說新譯本不下二十種，可見它受歡迎的程度。在這種局面下，出版社要我再譯一種，我感到不可能做到什麼獨到之處，一時沒有答應，後來找到兩個很好的版本，才決定接受這個任務。一個是Anthology of American Literature上的《自傳》全文，一個是The Norton Anthology of American Literature上的全文。這兩個版本一是有較詳細的注釋，因為《自傳》涉及的是真人真事，不像小說是虛構的，所以對裡面的人和事有確切的了解很重要。因此我把這些注釋基本上都譯出來，這也許是其他譯本所欠缺的；二是它們嚴格遵從富蘭克林的手稿，編者不隨意分章，更沒有像有的譯本加很多標題。你想想誰給兒子寫封信，還分第一章、第二章，甚至每章還有標題？這兩個版本保留了富蘭克林不同於現代用法的標點，我部分也採用原來的標點，沒有標準化處理。還有一點需要說明的是，這篇「導言」一些關於時代背景的資料也來自Anthology of American Literature。另外，有幾個詞在這裡需要解釋。一個是natural philosophy，意思是「自然科學」。這在大型的英文詞典和英漢詞典上都有，我依據的兩個原本上都注為natural science，因此富蘭克林用的philosophy指的都是「科學」而不是現在意義上的「哲學」；一個是province，漢語的對應詞是「省」。英國行政區分沒有省，古羅馬把義大利以外由羅馬總督管轄的各個地區稱province，可以譯為「省」。在《自傳》中它指由英王派總督管轄的殖民地，譯成「省」也不算錯，譯成「殖民地」也可以。我用了一個含糊的詞「地區」，以便與colony有所區別，因為現在我們經常有「國家和地區」的說法。但絕對不能譯為「州」，因為我們說的美國的「州」原文是state，它的本義是「國」，這是北美十三個殖民地獨立後才出現的詞，因為獨立了，就成了state（國），再不是大英帝國的colony（殖民地）或者province（省）了，十三個state聯合成一個統一的國家，就叫The United States of America，譯為「美利堅合眾國」。雖然province變成了state，但領導人仍叫governor，翻譯時卻從「總督」換成「州長」。富蘭克林的《自傳》中出現過兩次state，一次是neighboring states，有人譯為「鄰國」，其實應為「鄰州」，指與賓夕法尼亞相鄰的州，因為富蘭克林在世時，合眾國尚無「鄰國」可言，不是法國和西班牙的殖民地，就是散居著印第安人的地帶，它們都不能叫「國」。還有一處是states and princes，這裡的states既不是「州」，也不是「國」，而是貴族，查Webster大詞典，有一個定義是：obs（廢）：a person of high rank（as a noble），我譯培根的《隨筆》時遇到過不只一次，而且文中也將它與princes並列，注釋是noblemen。第三個是人們不知道Pennsylvania這個詞的由來，它是由Penn和Sylvania（wooded land，即林地）合成的。Penn即William Penn，一六八一年英王查理二世把這片土地賞賜給他，以表示對其父海軍上將William Penn征服牙買加的獎勵。於是這塊土地便取名為Pennsylvania，我們按讀音譯為「賓夕法尼亞」。既然「賓夕法尼亞」意為「賓的林地」，那麼Penn必須對應為「賓」才對。由於很多人不知道Penn與Pennsylvania的關係，所以我見到的相關文字把Penn譯為「佩恩」或「潘恩」等，總之沒有一個譯為「賓」的，因為《英語姓名手冊》就譯為「佩恩」，如果這樣，「賓夕法尼亞」就應當順應人名譯為「佩恩夕法尼亞」了，可是這個地名的翻譯已經固定，我們只能倒過來讓人名順應地名，否則就互不搭界了。二〇〇六年我應約翻譯John Updike的Rabbit at Rest，該書寫的是賓夕法尼亞的事，裡面有Penn Park，我譯為「賓園」。我特意給編輯寫信說了上面的道理，請他不要改為「佩恩」，編輯採納了我的建議，算是挽救過來了。

本書收入《致富之路》一文，這是二十年前我為《美國的歷史文獻》一書翻譯的。此文雖短，但在富蘭克林的作品中，重要性不亞於《自傳》，尤其在一些文選嫌《自傳》篇幅太長時，《致富之路》就是首選。此文在《自傳》中專門有記述。我相信從題目到內容讀者一定會感興趣的。

富蘭克林未能把《自傳》寫完就與世長辭了。當然，誰寫自傳也不可能把自己死亡的情況都寫進去，這就是「自傳」與他人寫的「傳記」的一大差別，因為傳記可以把傳主的死亡，甚至身後的一些事情寫進去。富蘭克林的《自傳》由於缺少作者最重要的一個階段，所以我特意從「美國文庫」的《富蘭克林》一書中翻譯出十分詳盡的「富蘭克林年表」，以彌補《自傳》的缺欠，讀者可以把作者寫過的事情與「年表」加以對比，也是件很有意思的事。

蒲隆

二〇〇八年十二月於蘭州

前言

富蘭克林六十五歲開始寫他的《自傳》（他稱之為《回憶錄》），當時他在英國的喬納森・什普利主教家度假。第一章至第五章寫於一七七一年，是富蘭克林的兒子威廉的書信。其餘章節寫於隨後的十九年間，直到他臨終的那年才算完成。記事止於一七五八年，這時候他身為外交家和公僕最偉大的成就尚未告成。因此此書並未真正展示他思想的深度或成就的廣度；然而仍不失為一部自傳傑作和美國文學的一座里程碑。

目次

part 1

第一章

一七七一年寫於特懷福德[1]聖阿薩夫主教家

親愛的兒子[2]：

對於獲取祖先的趣聞軼事，哪怕是一星半點，我向來都是樂此不疲的。咱倆在英國的時候，我在親屬間周旋打聽，為達到目的風塵僕僕，多方奔走，當時的情景恐怕你還記憶猶新吧[3]！眼下我想，如果了解一下我的生平景況（其中很多你並不熟悉），或許你也會同意。再說，我目前在鄉下閒居，指望過一個禮拜無人打擾的清靜日子，於是我坐下把這些大小事情一一為你寫下來。

此外，我這麼做還有別的原因。我生於貧寒之家，長於無名之戶，如今不僅家境富裕，在世界上還小有名氣；我一輩子福星高照，我為人處世的種種手段，托上帝之福，取得了立竿見影的功效。對於這些，我的子孫後代也許願意了解，因為他們或許會發現其中有些對他們的境遇也同樣適用，因此也宜於效仿。

那份福氣，每當我反思時，使我有時情不自禁地說，如果有人提議讓我選擇，我會毫無異議，願意從頭再活一遍，只要能享有作家們的權益：「出第二版時可以把第一版的某些差錯予以修正。」除了修正錯誤，如果可以的話，我想把一些凶險情事改得更順心一點。即使此舉遭到拒絕，我還是願意接受這個提議。不過，既然再活一遍沒有指望，只好退而求其次，最像再活一遍的事情似乎就是對這一生的反思；要使這種反思盡可能地歷久不衰，就是訴諸筆墨。

談起自己當年的壯舉，老年人自然喜歡喋喋不休，我也在所難免。有人出於對老人的尊敬，只好硬著頭皮聽，但我的叨絮不會令人生厭，因為這番話可以讀，也可以不讀，全隨自己的意願。最後（我還是先承認為妙，因為矢口否認也沒人會信），也許我會大大地滿足自己的虛榮心。我總是聽見或看到毫不虛誇的開場白，緊接著就是無意義的東西。人大多不喜歡他人虛榮的行為，但自己的虛榮心再大也處之泰然。然而我對於虛榮，總是以禮相待；因為我相信，虛榮對於愛慕者也好，對於周圍的人也好，往往都是有益無害。因此，在很多情況下，如果有人將自己的虛榮當作人生的慰藉而感謝上帝，那也不足為怪。

說到感謝上帝，我想滿心謙恭地承認我的幸福生活全是上帝的恩賜，祂開恩指點我運用的方法，取得立竿見影的功效，對於這一點我深信不疑。所以我雖然不能認定，同樣的恩佑仍會賞賜予我，或使我的幸福得以延續，或者使我能禁得起別人遭受過的致命打擊。我將來的命運怎樣只有上帝知道，哪怕是苦難，祂也有權賜予我們。

我的一位伯父（他同樣有蒐集家族軼事的愛好）有次交給我一些筆記，提供我有關祖先的一些詳細情況。我從筆記中得知，這個家族在北安普頓郡的埃克頓[4]村居住了三百年，以前還有多久，就不得而知了（也許從富蘭克林這個名稱被用作姓氏的時候開始，當時全國人都在取姓。在此之前，富蘭克林[5]是一種平民階層的稱號）[6]。家族擁有大約三十英畝的地產，兼營打鐵生意，這是一個家傳行業，長子都要學這門手藝，吃這一行飯，一直傳到伯父為止。我的伯父和父親都遵守這個家規讓長子打鐵。

我查閱埃克頓的戶籍簿時，發現只有一五五五年以來的出生、婚姻、喪葬紀錄，那個地區沒有保存此前任何時段的戶籍登記。從那本戶籍冊上我發現，我、我父親、以及我往上連推五代的直系祖父們，都是那一代排行最小的兒子。

我的祖父湯瑪斯生於一五九八年，一直住在埃克頓，直到年事過高不能處理事務，才搬到牛津郡班伯里鎮他兒子約翰家裡居住。約翰是個染匠，我父親跟著他當學徒。我的祖父最後在那裡去世，並在當地安葬。一七五八年我們瞻仰過他的墓碑。他的長子湯瑪斯住在埃克頓的老房子裡，最後把它留給他的獨生女。女兒的丈夫姓費施爾，威靈堡人。後來他們把房子賣給一位伊斯泰德先生，現在此人是那裡的領主。

祖父有四個兒子，分別為湯瑪斯、約翰、班傑明和喬賽亞。由於眼下資料不在手邊[7]，我會盡所能描述他們的情況，如果資料在我離家期間沒有遺失，你會在其中找到更多詳盡的記載。

長子湯瑪斯跟著父親學打鐵，因聰明伶俐，當地的大紳士帕默先生便鼓勵他求學上進（他的兄弟都得到過同樣的鼓勵），後來具備了做法律代書工作的資格，成為該郡事務中一個非同小可的人物，是該郡或北安普頓鎮和他那個村子一切公益事業的主要推動者。這方面我們在埃克頓聽到不少事例，所以他當時受到哈利法克斯勳爵高度的關注和大力資助。

他於舊曆的一七〇二年一月六日去世，正好是我四年後出生的日子[8]。我們是從埃克頓的幾位老者那裡，聽到有關他的生平和性格的描述。我記得你聽了以後感觸良深，覺得非同尋常，因為這些情況跟你所知道的我的情況非常相似。

你說：「如果他是在我出生的同一天去世，人們也許以為是靈魂轉世呢！」

約翰學了染匠的手藝，我想是染毛料的。班傑明學的則是染絲綢的手藝，在倫敦當學徒。他聰明能幹，我一直把他牢記在心頭，因為我小的時候，他到波士頓來找我父親，在家裡住了好幾年。他活到很大年紀。他的孫子撒母耳．富蘭克林現在還住在波士頓。他留下兩卷四開本的詩稿，是寫給親友的即興短小篇章。下面是他送給我的一首樣章[9]。

他自創了一種速記法，曾經教過我，但從來沒有實際運用，現在我已經忘得一乾二淨。我的名字就是這位伯父取的，因為他和我父親感情特別深。

他非常虔誠，每逢優秀的傳教士布道，他都要前去聆聽，並用他的速記法將內容記下，如此編撰起來的布道文可謂卷帙浩繁。此外，他也熱衷政治，就他的地位而言，也許熱衷過了頭。

前不久，我在倫敦得到一個他彙整的冊子，收編的是從一六四一年到一七一七年有關公眾事務的重要政論。從編號來看，好多卷已經缺失，但現存的仍有八卷對開本，二十四卷四開本和八開本。這些小冊子是一位舊書商人碰巧看見，由於我有時候會跟他買書，所以他便把它們拿給我看。看樣子是伯父去美洲時留下的。這已經是五十年前的事情了，書的頁邊空白處還有他做的很多批注。

我們這個無名的家族很早就加入宗教改革，在瑪麗女王[10]統治期間繼續信仰新教，那時由於他們激烈反對老教，有時會有禍患之危。他們有一部英文《聖經》[11]，為了安全，它被用幾條帶子綁在一把木凳座板底下。我的曾曾祖父要誦讀時，便把凳子倒過來四腳朝上，擱在膝上翻閱書頁。這時，要有一個孩子在門口站崗，如果看見教會法廳的傳令官來了，要馬上報告。這時，凳子再往下翻立好，《聖經》又像先前一樣藏在座板底下了。這件軼事是我聽班傑明伯伯說的。全家人一直信奉英國國教，直到查理二世王朝行將結束[12]，當時有些牧師在北安普頓郡召集祕密宗教會議，因不信國教而被驅逐，班傑明和喬賽亞追隨他們，終身效忠。家中其餘的人則仍然信奉國教。

喬賽亞，我的父親，很早就結婚了，大約在一六八二年的時候帶著老婆和三個孩子移居到新英格蘭。由於祕密宗教集會被法律明文禁止，而且屢遭搗亂，導致我父親熟識的一些重要人物移居到那個地方。後來我父親也被說服，隨他們一同前往那個他們期望可以享受宗教自由的國度。

在那他和元配又生了四個孩子，跟繼配生了十個，總共十七個。我還記得十三個孩子圍著餐桌吃飯的情景，現在都已長大成人，結婚成家。我是最小的兒子，出生在新英格蘭的波士頓，還有兩個妹妹。

我母親是繼室，名叫阿拜婭·福爾傑，是彼得·福爾傑的女兒。彼得·福爾傑屬於新英格蘭的第一批移民。如果我沒有記錯的話，科頓·馬瑟[14]在他的新英格蘭教會史（書名為《美洲基督教大全》）中，滿懷敬意地提到他，在書中稱他是一位虔誠而又博學的英國人。我聽說他寫過各式各樣的即興小詩，不過只印行過其中一首，好多年前我還看過。

這首詩寫於一六七五年，是寫給當時當地政府部門的相關人士。詩中反映時風和人氣，樸素無華。宣導良心自由，聲援受迫害的浸禮會、貴格會和其他教派；他把對印第安人戰爭和這個地區的其他災難都歸因於這種迫害，那是上帝的一連串審判，要懲罰這種滔天大罪；還呼籲廢止嚴刑峻法。我覺得全詩寫得平易得體，雄渾奔放。我還記得最後的六行，不過那節詩的前兩行我已經忘了，大意是他的批評出於善意，所以願意公開作者的姓名。

因為做一名誹謗之徒，
我可從心底裡恨之入骨。
我眼下就是舍奔鎮[15]的住戶。
在此把姓名向你公布，
彼得．福爾傑，就這麼稱呼，
做你的摯友，無意冒瀆。

我的幾個哥哥都在不同的行業當學徒，我父親有意把我這第十個兒子送去教會服務，所以八歲那年，就讓我上文法學校。我很早就學會讀書認字（所謂很早肯定是非常小的時候，因為我不記得自己什麼時候不會讀書），父親的朋友們一致認為我能成為一名優秀學者，因此更加堅定我父親訓練我學習以便送我進教會服務的目標。

班傑明伯伯也舉雙手贊同，並說如果我願意學他的速記法，他就把速記布道文全部送給我，當作是對我的一番投資。我在文法學校就讀前後不到一年，在此期間漸漸地從班級裡的中段進步到前段，並且連連跳級以趕在當年結束前升上三年級。但是這時，我父親考慮到家裡還有龐大的人口要養，他供不起大學教育的花費。況且，很多上過大學的人後來的日子都很清苦，於是他一改初衷把我從文法學校轉到一所寫作和算術的學校。這所學校是由當時的一位名人喬治．布勞內爾創辦，他採用循循善誘、春風化雨式的教學方法，辦學非常成功。在他的教導之下，我很快習得一手好字，但算術就不太在行，而且一直沒有進步。

十歲時，我被帶回家幫父親製造蠟燭和肥皂。他原先學的並不是這門手藝，但到新英格蘭後，發現染匠這行業養不活一家人，所以就改行。他叫我剪燭芯、澆蘸模、灌燭模、看店、跑腿、打雜等。

我不喜歡這個工作，一心想到海上闖蕩，但我父親堅決反對。由於住在水邊，我熟悉水性，早早就學會了游泳和划船。跟別的孩子們搭乘小船或獨木舟時，我往往被允許負責支配決定著一切，尤其遇到難關時更是如此。在別的場合，我通常也是孩子王，但有時卻會讓他們陷入困境。我想舉一個例子，這突顯出我早期的公益精神，儘管當時我的做法未必合適。

有個鹽水沼澤在漲潮的時候會與水車磨坊的邊界相連，我們常站在灘邊捉魚。踏久了，灘地便成了爛泥。於是我提議在那裡建造一個碼頭，好讓大夥有地方站。我發現一堆準備在鹽沼上修座新房子用的石頭，那正好是我們需要的材料。於是天一黑工人們一走，我帶了幾個同伴，像螞蟻一樣勤奮地搬運，兩三個人抬一塊，把石頭統統搬走，建起我們的小碼頭。第二天一早，工人們發現石頭不見了，大為驚訝，結果發現石頭變成了小碼頭。他們追查是誰搬走石頭，於是我們誰也逃不了，每個人都被父親狠狠教訓了一頓。雖然我一直說明為什麼這麼做，但我父親表示不誠實什麼都沒用，這點說服了我。

我想你也許願意了解關於你祖父的體貌和性格特點。他體格健美，中等身材，比例勻稱，結實有力。他心靈手巧，很會畫圖，還懂一點音樂，嗓子清亮悅耳。有時，忙了一天之後，晚上他會用小提琴拉著聖歌的調子，和著曲調唱歌，真是動聽極了。

他還有一種機械天賦，偶爾使用別種手藝的工具，也是得心應手，駕輕就熟。但他最厲害的其實是在一些需要慎重處理的問題上，無論私事還是公事，他都能有透徹的理解，並做出可靠的判斷。他沒有擔任過公職，有許多子女要照顧，要努力賺錢，所以得專心在生意上。不過，我清楚地記得，三不五時總有一些有頭有臉的人物登門拜訪，徵求父親對鎮上或教堂事務提出意見，對他的判斷和建議總是表現出極大的尊重。平時大家遇到困難，也常來找他出主意；有事情爭執不下時，也會請他出面評理。

他喜歡邀請睿智的朋友或鄰居來家裡吃飯聊天，在餐桌上，他總是刻意開啟某種巧妙或有用的話題，好啟發孩子們的思考。這麼一來，他把我們的注意力引向生活中善良、正義和謹慎的表現上，自然就不太留心桌上飯菜可不可口，色香味如何之類的問題。所以我從小到大，對這類事情毫不在意，擺在面前的無論是佳餚還是糟糠，都無所謂。由於對這些事情不太關心，所以時至今日，即使距離吃過飯才一兩個鐘頭，問我剛剛吃了些什麼，我卻很難說得出來。這種習慣在旅行時使我得到好處，不像我的同伴因為挑食，常為了食物不對胃口心情就非常鬱悶。

我母親同樣也有強健的體魄，她哺育了自己生的十個子女。無論是父親還是母親，除了他們因病去世外，我不知道之前他們還得過什麼病。父親享年八十九，母親八十五，他們合葬在波士頓。幾年前我在他們的墓前立了一塊大理石碑，碑文如下：

喬賽亞·富蘭克林暨夫人阿拜婭安葬於此。
二人結縭相伴五十五載。
既無家傳亦無功名，
但賴孜孜勞作，又蒙上帝恩佑，
眾口之家才得以安適度日；
二老養育子女一十三人，孫子孫女七人，
傳為佳話。
瞻仰者應從中獲取教益，
勤奮敬業，篤信上帝。
先考虔誠謹慎，先妣謙和忠貞。

幼子　謹立此碑
恪盡孝道以誌紀念。
先考喬・富一六五五年生，一七四四年卒，享年八十有九
先妣阿・富一六六七年生，一七五二年卒，享年八十有五

我這樣叨叨絮絮，感覺已經老了。過去我寫東西很講究章法，不過私下聚會不必像官場舞會那樣講究，但這也許只不過是隨便一些而已。

還是言歸正傳吧。就這樣我跟著父親工作了兩年，一直到十二歲。我哥哥約翰[16]學的是父親這項手藝，但他後來結了婚，到羅德島自力更生去了。因為如此，我註定要頂他的缺，當一名蠟燭製造匠。但我不愛這個職業，父親擔心如果他不幫我找喜歡的工作，我可能會鬧翻，到海上去闖蕩。他的另一個兒子喬賽亞離家出走，已經讓他萬分苦惱。於是他有時帶我到街上散步，看看木工、泥瓦工、車工、銅工如何工作，藉此找出我的愛好，好想辦法把我安定在陸地上做某個工作。

從此以後，觀察優秀工匠如何使用工具變成我的一種享受；我從中獲益匪淺，一生一世受用不盡。需要時如果臨時找不到工匠，我就能自己在家裡做點零工；想做實驗時，也能組裝一些實驗用的小機器。我父親最後選定刀具匠的工作，班傑明伯伯的兒子撒母耳在倫敦學的就是這門手藝，這時剛好在波士頓開業，於是父親要我跟他學。結果因為他要向我收取學費，惹惱了我父親，於是又把我帶回家。

我從小就喜歡讀書，只要有點零錢就要買書。由於喜歡《天路歷程》，所以我的第一批收藏就是約翰・班揚[17]的文集，那是一些分卷的小本子。後來我把它們賣了，湊錢買R・伯頓[18]的《歷史文集》。這些都是跟小商販買的小本子書，價格便宜，總共約四、五十本。我父親藏書不多，大部分都是論戰性的神學著作，我全看過了。我一直感到惋惜的是，在我求知若渴的時候，看不到更加適合的書。普魯塔克[19]的《名人傳》倒是有，裡面的內容我百讀不厭，我現在仍然認為，這些時間花得極有價值。還有一本笛福的書，叫做《論計畫》，另外一本是馬瑟博士的書，叫做《論行善》，這兩本書扭轉了我的思想，影響我未來生活的一些重大事件[20]。

由於我嗜書成癖，我父親決定讓我做一名印刷工，儘管他已經有一個兒子（詹姆斯）從事這行。一七一七年，我哥哥從英國回來，帶來一台印刷機和一套鉛字，在波士頓開辦自己的印刷所。我喜歡這個職業遠遠勝過父親的職業，但依舊渴望到海上闖蕩。為了預防這愛好可能產生的可怕後果，我父親迫不及待地要我在哥哥身邊當學徒。我堅持了一段時間，但最後還是被說服，簽下契約，當時我才十二歲[21]。

我必須當學徒到二十一歲，而且只有最後一年才能拿到計日的日薪。在很短的時間內，我就大有長進，成了哥哥的得力助手。這時，我已經能接觸到一些更好的書了。由於認識幾個書商的學徒，我有時能因此借到幾本書，我看書時非常小心，很快就能看完並乾乾淨淨地歸還。書如果是晚上借的，必須在第二天一早歸還，以免被以為遺失或缺貨；我通常在自己的屋子裡熬夜讀完。

不久，有一位精明且藏書頗豐的生意人[22]，馬修・亞當斯先生，由於經常光顧印刷所，注意到我，便邀請我去他的圖書室，好心借我一些我愛看的書。這時候我對詩歌非常癡迷，還嘗試寫過幾首小詩呢！我哥哥認為這也許可以派上用場，所以十分鼓勵我，還激勵我寫了兩首應景歌謠。一首叫《燈塔悲劇》，內容是沃思萊克船長和他的兩個女兒溺水身亡的經過；另一首是水手歌謠，是捉拿「黑鬍子」海盜的故事[23]。這兩首詩都是粗淺之作，用倫敦文丐歌謠體寫的，印出來以後哥哥要我拿到鎮上賣。

第一首詩銷路好得出奇，因為寫的是剛發生的事情，引起過不小的轟動。這讓我顯得志得意滿。但我父親卻給我潑冷水，他對我的做法大加嘲諷，說寫詩的都是窮人，要我別想要當詩人，就算當上了，十之八九也是個蹩腳詩人。不過，寫散文對我的人生有莫大的助益，而且是我進取的主要方法。我要告訴你在當時我如何獲得這方面的技能。

鎮上還有一位愛讀書的小夥子，名叫約翰．柯林斯，和我非常熟識。我們常互相爭論，因為我們都好辯，一心想把對方駁倒。順帶一提，好辯容易變成一種惡習，因為反駁必然惹得同伴感到極不愉快。這樣不但擾亂對談，在本來可以建立友誼的地方，反而產生了厭惡，甚至敵意。我之所以染上這種惡習，是因為讀了父親的宗教辯論書籍。我觀察發現，除了律師、大學教師以及在愛丁堡受過教育的各種人物[24]，睿智之士很少染上這種惡習。

有一次，不知道怎麼回事，我和柯林斯爭論起「女性應不應當接受教育？她們的學習研究能力又如何？」他認為沒有必要，因為她們天生就不是做學問的料。我的意見剛好相反，也許有點另立山頭、掀起論爭的意思。他天生能言善道，又擅於辭令，我認為有時候他駁倒我，與其說憑藉有力的道理，不如說是憑藉流利的口才。

要分開的時候，沒討論出結果，一時又無法再見面，於是我把自己的論點付之筆墨，謄寫之後寄給他。他來信答覆，我又寫信回駁。這樣一來一往，交換了三、四封信，我父親碰巧發現我的文稿，並看了一遍。他沒有理會討論的問題，只是趁機跟我談文筆，他說就拼寫和標點的正確（我把它歸功於印刷所）而言[25]，我比對手強；但在文筆優雅、章法嚴謹、表達明晰三方面差了一大截，並一一舉例印證，讓我心服口服。他的話十分公正，從此我更加注意文筆，下定決心努力改進。

這時我偶然看到零散的第三卷《旁觀者》[26]，以前我從沒看過這份報紙。我買來之後，反反覆覆讀了好多遍，真是愛不釋手；文章文筆優美，我希望自己也能模仿。有了這種意圖，我便選了幾篇文章，寫出每個段落的要旨，然後擱置幾天，接下來再試著不看書直接寫出完整的篇章，將先前寫出的每個要旨用貼切的辭彙詳盡表達，儘量像原來表現的一樣充分。然後我把自己寫的《旁觀者》與原文加以比對，發現錯誤馬上予以糾正。

我發現自己辭彙貧乏，無法運用自如，如果我堅持寫詩，或許這些缺點就可以避免。因為為了合律協韻，就需要使用意思相同、長短不一、聲音多變的詞，這會逼著我費心思索適當的字詞變化，也會讓我把變化牢記心頭，最後完全掌握。於是我找了幾個故事，改寫成詩歌。過了一段時間，當我忘了原來的散文後，我再把詩歌還原成散文。

有時，我會把文章的要旨打亂，幾個星期後，重新排列組合，造出完整的句子，再聯句成篇，以這樣的方法練習理順思緒的章法。隨後我把自己的作文與原文比較，發現不少錯誤，再一一修正；有時候我也沾沾自喜，因為在某些意義不大的細節上，我有幸在章法或語言上有所改進，這鼓舞了我，或許有朝一日我會成為一名還可以的英語作家，關於這點我是有野心的。

無論讀書還是練習寫作，只能在晚上、下班後或上班前，或是禮拜天。每到禮拜天，我總設法一個人待在印刷所，儘量逃避到教堂做禮拜，但父親總是逼著我去。雖然我也認為這是一個責任，只是擠不出時間履行而已。

大概在我十六歲時，我偶然看到一本宣導素食的書，那是一個姓特賴恩[27]的人所寫，於是我決定開始吃素。但我哥哥和學徒們都在別人家搭伙，我不吃葷造成不便，常常因為這種怪癖而飽受他人奚落。於是我學會特賴恩做菜的方法，如煮馬鈴薯、燜米飯、熬玉米粥，另外還有幾樣飯菜。後來我向哥哥提出，如果他肯把每週的伙食費給我一半，我可以自己開伙，他立刻同意了。我發現自己開伙能省下他給我的一半飯錢，成了一筆我買書的額外資金。

此外，還有另外一個好處，哥哥和其他的人離開印刷所去吃飯，我自己隨便吃點東西，例如一塊餅乾，一片麵包，一把葡萄乾，或者糕點鋪買的水果餡餅再加一杯水。在他們回來之前，剩下的時間我就可以學習，於是我的學習大有長進，因為飲食節制可以使人頭腦更清楚，思緒更敏捷。

我因為算術不好曾當眾出醜，上學時都沒學好。現在我找到科克爾[28]算術書，輕鬆愉快地從頭到尾自學了一遍。我也讀了賽勒和斯特梅航海書[29]，學到一點幾何學，對於這門科學沒有再往下鑽研。此外，我還讀了洛克的《人類理解論》和羅亞爾港的先生們的《思維的藝術》[30]。

在我專注加強語言能力的時候，我看到一本英語文法書（我想是格林伍德寫的）[31]，書的末尾有兩篇關於修辭藝術和邏輯學的簡介，後篇末尾有一個蘇格拉底辯論法的實例。不久，我找到色諾芬的《回憶蘇格拉底》[32]，其中不乏這種方法的例證。我對這種辯論法深深著迷，決定丟棄我原本貿然反駁和武斷論證的做法，表現出一副不恥下問和滿腹疑團的樣子。

在那時，由於閱讀沙夫茨伯里和柯林斯[33]，我對我們的宗教教義中很多觀點都產生了懷疑。我發現這種方法能使自己萬無一失，又能將反駁的對手引入窘境，因此樂不可支，持續練習，逐漸駕輕就熟，得心應手，誘使對手——甚至是學識淵博的對手——步步退讓，還讓他們陷入困境無法逃脫，就這樣我常常取得勝利。這方法我用了很久，後來漸漸棄而不用，僅保留用謙虛謹慎的話表達自己的看法，每當提出可能有爭議的觀點時，我從來不用「肯定地」、「無疑地」，或任何有武斷氣息的字眼。而寧可說，我恐怕一件事情是如此這般；由於某種理由，在我看來，或我倒認為它如何如何，或者我想像事情如何如何，或者如果我沒有弄錯的話，事情就是這樣。當我需要堅持自己的見解，並說服人們相信我宣傳的措施時，這種習慣好處極大。由於交談的主要目的是提供資訊或者獲取資訊，使人心悅或使人信服。所以善意明達之人不要以武斷自負的方式說話，使行善的力量減弱，因為用這種方式往往使人反感，容易造成對立，使我們靠語言要達到「提供或獲取資訊；提供或獲取快樂」的目的一一泡湯。如果你要提供資訊，在提出自己的見解時，武斷的態度可能招致反駁，也阻礙了坦誠的關注。如果你希望從別人的知識中獲取資訊，卻又堅決表達自己的觀點，那麼謙虛明達之士由於不愛爭辯，也就聽之任之，讓你繼續留在錯誤裡。採取武斷態度，很難指望讓聽你講話的人心悅誠服，達成你所期望的共識。

蒲柏的話很有見地，

教人時要讓人覺得你不是在教他，人所不知的事情你就說他是忘了[34]，

進而又勸告我們，

與其言之鑿鑿，不如故顯怯懦[35]。

他可以與下面這行詩配對，但他卻與另外一行相配，我認為有欠妥帖。

因為謙遜薄弱就是見識薄弱。

你要問何以見得有欠妥帖，我只好重複那兩行了。

不遜的言辭不容開脫；因為謙遜薄弱就是見識薄弱[36]。

那麼見識薄弱（在這裡一個人竟然不幸到見識薄弱的程度）不就是為他謙遜薄弱做的某種的辯

解嗎？這兩行詩這樣改不是更加精當嗎？

> 不遜的言辭只容這樣的開脫：謙虛薄弱就是見識薄弱。

不過是否如此，我當聽候更加高明的判斷。

一七二〇年或者一七二一年，我哥哥開始發行報紙，這是在美洲問世的第二家報紙，名叫《新英格蘭報》，此前僅有《波士頓新聞通訊》[37]。我記得他的朋友勸他不要做辦報這種事，因為不可能會成功，他們認為在美洲有一家報紙已經足夠。（這時，一七七一年，至少已經有二十五家。）但他還是堅持辦報。先排字，後印刷，然後派我背著報紙穿過大街小巷送到訂戶手裡。

他有幾個朋友腦筋動得很快，他們為報紙寫文章自娛自樂，這些文章為報紙贏得了聲譽，需求增加，幾位文士也常常拜訪印刷所，聽見他們聊報紙如何深受讚許，讓我躍躍欲試，想加入他們的行列一顯身手。然而，我還是個孩子，如果哥哥知道文章是我寫的，一定會反對在他的報紙上刊印出來。於是我設法改變筆跡，寫了一篇匿名文章，在夜裡塞到印刷所的門下面。第二天一大早，文章被哥哥發現了，等他的朋友照例來訪時，便交給他們傳閱。他們輪流讀了一遍，並做了一番評論；我聽見他們讚不絕口，並對文章的作者亂猜一通，猜的全是地方上學識淵博、德高望重的人物，我真是心花怒放。現在回想，當時我很幸運有這樣幾位裁判，也許他們實際上並不像我當時認為的那麼高明。

不論如何，受到這樣的鼓勵，我又寫了幾篇文章[38]，用老辦法投送給印刷所，也同樣得到了認可。我始終守口如瓶，直到我的表現已經耗盡所學，才說出祕密。哥哥的朋友對我刮目相看，我哥哥卻有點不高興，因為他認為這會使我得意忘形。他這麼想不無道理，這也許是這段時間我們分歧不斷的一大起因吧！雖然他是我的親哥哥，但他認為他是師傅，而我是徒弟，因此希望我像別的徒弟一樣老老實實地做事；我卻認為身為他弟弟，理應得到更多照顧，但他卻總是貶低我，且對我要求太多。

我們倆爭執不下，往往鬧到父親那兒，或許因為我有理，也或許因為我善辯，反正都是我勝訴。我哥哥很衝動，動不動就揍我，對於這種做法我真是氣得要命！我覺得當學徒很沉悶乏味，希望早點結束學徒生活，結果機會真的來了，還真有點出乎意料呢[39]！

我們報上的一篇時政評論（針對的問題我忘了）觸怒了議會[40]。議長發出拘捕令，把我哥哥抓起來嚴加處罰，坐了一個月的牢，我猜是因為他不肯透露作者姓名。後來我也被抓去接受諮議會的訊問，雖然我沒有給他們任何滿意的答案，但他們只是警告我，便放人了事。也許他們認為我是學徒理應幫師傅保守祕密吧！

我哥哥遭受羈押，我義憤填膺，便將個人恩怨丟在一邊，挑起管理報社的擔子，並且悍然在報上向統治者們發難，哥哥對此很感激，但別人開始對我產生不良印象，把我看成一個頭上長角、身上長刺的少年天才。哥哥獲釋時帶回議會的一道命令（非常奇怪的命令）：詹姆斯·富蘭克林不得繼續印行名為《新英格蘭報》的報紙。

他的朋友聚在印刷所裡，商討該怎麼辦才好。有人建議更換報名規避命令，但我哥哥覺得這樣做有諸多不便，最後歸結出一個更好的辦法：將報紙改在班傑明・富蘭克林名下印行。為了逃避議會譴責他叫學徒印報的罪名，應對的辦法就是把契約還給我，並在契約背面注明「完全解除」，以便必要時舉證。然而為了確保他能從我的工作中得到利益，我要為剩餘的學徒期簽一份新契約，而這份契約不許公開。這方案儘管不怎麼樣，但還是這麼做了；於是報紙在我的名下繼續發行了幾個月[41]。

後來，我們起了紛爭。我賭哥哥不敢公開我的新契約，便堅持主張自己的自由。其實利用這個優勢的我非常不公平，因此我把這看成我人生中所犯的第一個錯誤。但和哥哥動不動就對我拳腳相向的怨恨相比，這不公平對我來說也就無足輕重了。話說回來，在別的方面，他並不壞：也許是我太莽撞，太愛惹事了。

當哥哥發現我試圖離開他，他便東奔西跑地說服每個老闆，用盡手段不讓鎮上別的印刷所僱用我，因此誰也不肯給我事做。於是我便想去紐約，因為那離這裡最近，且有印刷所。我有意離開波士頓，因為我已經成了政府人士的眼中釘。從議會對我哥哥案件專斷的行動看來，我再待下去，可能很快就會自討苦吃。此外我曾在宗教辯論中出言不慎，使教友們深惡痛絕，我成了千夫所指的異教徒或無神論者。

對這點，我心意已決，但我父親現在卻站在哥哥那邊。我知道如果我明目張膽地走，他們就會千方百計加以阻止。於是我的朋友柯林斯答應幫忙，他跟一艘紐約單桅帆船的船長說好載我走，說辭是：我是他的朋友，少不經事，把一個姑娘的肚子搞大了，現在姑娘的朋友們逼婚，害我既不敢公開露面，也不能明目張膽地離開。於是我賣了一部分書，湊了點錢，偷偷上了船。我們一路順風，不到三天，已經到了離家快三百英里的紐約，一個十七歲的孩子，沒有帶任何人的推薦信，沒有認識的人，口袋裡也沒什麼錢。

我出海闖蕩的意願這時已消磨殆盡，或者我已經心滿意足。不過由於有一項技能，又自認是好工人，我找到當地的印刷商老威廉·布雷福德先生[42]（他是賓夕法尼亞的第一個印刷商，與喬治·基斯[43]鬧翻，便搬到這裡），希望在他的印刷所打工。他那裡工作不多，人手夠用，所以不需要。不過他說：「我的兒子在費城，最近失去得力助手，一個名叫阿奎拉·羅斯的員工死了。如果你去，我相信他可以僱用你[44]。」到費城還要走一百英里，我決定坐船出發到安博伊[45]，再把箱子和行李從海上運過去。

在穿越海灣時，我們遇到強風，把船上的帆撕成碎片，使我們無法駛進基爾海峽[46]，還把我們吹到長島。途中，一個喝得爛醉的荷蘭人掉進海裡，在他快沉下去的時候，我朝驚恐的他伸出手並抓住他，大家合力幫忙把他拖回船上。經水一泡，他稍微清醒，從口袋拿出一本書，希望我幫他晾乾，然後就睡著了。這本書是我之前最喜歡的作家班揚所寫的《天路歷程》的荷蘭文譯本，紙張優良，印刷精美，還有銅版刻插圖，整體版面比我見過的原文版還漂亮。這本書有很多歐洲其他語言的譯本，被廣泛閱讀的程度除了《聖經》沒有其他書比得上。

據我所知，真誠的約翰[47]是把敍事和對話融為一體的第一人，這種寫作方法很能引人入勝。最有趣的是讀者發現自己不知不覺身歷其境，參與對話。笛福在他的《魯賓遜漂流記》、《摩爾·弗蘭德斯》、《宗教求愛記》和《家庭教師》等作品中模仿得很到位。理查遜在他的《帕美拉》等著作中也有同樣的做法[48]。

駛近長島時，我們才發現船到了一個不可能有碼頭的地方，只有亂石灘上洶湧的巨浪，我們只好拋錨將船頭調向海岸。這時，有幾個人在岸邊向我們喊話，我們也向他們喊話。然而風高浪大，浪潮的聲音讓我們連對方的聲音都聽不見，更不明白說什麼了。岸上有幾艘獨木舟，我們又是比手勢又是呼喊，要求他們前來接應，但他們不是不懂我們的意思，就是認為根本行不通，後來他們就走了。天黑後，我們一籌莫展，只能等風勢減弱，這時我和船長決定先睡一覺再說。於是我們就跟那個仍然溼淋淋的荷蘭人一起窩在甲板上的小艙口裡，浪花打上船，水潑到我們身上，我們很快就跟那荷蘭人一樣成了落湯雞。我們就這樣躺了一夜，幾乎沒有睡著。第二天風勢減弱，我們盡力在天黑以前趕到安博伊，我們已經在海上折騰了三十個小時，沒吃沒喝，能喝的只有一瓶不乾淨的蘭姆酒以及鹹鹹的海水。

晚上我發現自己發燒，只好進艙上床。我記得曾在書上看過，多喝冷水可以退燒，於是就照著做，半夜揮汗如雨，高燒居然退了。第二天一早過了渡口，我便棄舟步行，走五十英里到柏林頓[49]，有人告訴我，在那裡應該可以找到船載我到費城。

一整天大雨滂沱，我全身都溼透了，到中午已經筋疲力盡，只好在一家小旅店歇腳，我待了整整一夜，開始後悔不該離家出走。別人看我一副狼狽的樣子，就來盤問我。我這才發現別人懷疑我是一個逃跑的僕人，因為有這種嫌疑，我隨時有被緝拿的危險。不管三七二十一，第二天我趕緊趕路，晚上投宿在一家離柏林頓約八、九英里的旅館，老闆是一位布朗醫生[50]。在我吃點心時，他跟我聊了起來，發現我讀過書，態度頓時變得親切友好，我們之後的往來一直持續到他去世。

我猜他當過雲遊四海的醫生，英國的城鎮，歐洲的國家，沒有他無法詳細描述的地方。他很有學問，也很聰明，不太信教。幾年後他調皮地把《聖經》改成打油詩，就像科頓[51]改維吉爾一樣。他將許多事情寫得荒唐可笑，如果他的作品出版，心智不成熟的人可能會受到傷害，幸好從來沒有。

我在他店裡過了一夜，第二天上午趕到柏林頓，卻發現定期的船班在我到之前剛開走。這天是星期六，星期二之前沒有別的船班可以指望，這真教人喪氣灰心。我之前在鎮上跟一位老太太買了薑餅，準備在船上吃。於是，我走回她那裡，問她是否有其他建議。她邀請我先在她家住，等有船再走。我實在累極了，便接受她的邀請。

她知道我是個印刷工，便建議我在鎮上住下，繼續做老本行，但她不知道開業需要資本。她非常好客，盛情款待我一頓牛頰肉，並且只接受一罐麥芽酒當作回報。於是我便想著要在這裡待到星期二了。

然而晚間在河邊散步時，我發現來了一艘要去費城的船，船上有好幾名乘客，他們讓我上船。因為沒有風，我們一路划著槳；到了半夜，還看不見城市，有幾名乘客認定費城早過了，怎樣都不肯再向前划。於是我們朝岸邊划，進了一個小灣，在一道舊柵欄附近上岸。因為十月的夜晚已經冷颼颼，我們便把木條拆下來生火，就這樣一直待到天亮。這時候有人認出這地方是庫柏灣，在費城上面一點，船一出灣就能看見費城。星期日上午大約八、九點，總算到達目的地[52]。

我對這次行程的描述可謂不厭其詳，對我初次進入這座城市的描述也會如此。這樣，你就可以在自己心中將我這種不可思議的開始，與日後我在那裡努力的成就加以比較。

那時我穿著工人裝，因為像樣的衣服還在海上往這裡運。我折騰一路，身上髒得不像樣，口袋塞滿髒襯衣和臭襪子。人生地不熟，不僅一個人都不認識，而且不知道去哪兒找住處。我旅途勞頓，又是走路又是划船，沒有充分的休息，餓得前胸貼後背。身上全部的錢就只有一元荷蘭幣，和約合一先令的銅板。銅板我給船家當路費，起初他們不肯收，因為我也有出力划船，但我執意要他們收下。有時人在錢少時比錢多時出手更大方，也許是怕被人看不起的緣故吧！

注解

【1】溫徹斯特附近的一個村莊，也是聖阿薩夫主教強納森・什普利的家宅名，離倫敦約五十英里。

【2】威廉・富蘭克林（一七三一至一八一三），一七六三年被英王任命為新澤西總督，革命戰爭期間一直忠於英王，與其父疏遠。革命後於一七八四年二人關係才有所改善。

【3】富蘭克林和他兒子於一七五八年遊歷英國，拜訪了北漢普頓郡的埃克頓和班伯里兩地祖先的故居。

【4】倫敦北方約五十英里處的一個村莊。

【5】在中世紀英語裡，Franklin 這個詞用來描述中產地主。

【6】「此處有注」(富蘭克林本想在此加一個注，但始終沒有加)。

【7】富蘭克林的個人資料保存在費城。

【8】一七五二年在英國和英屬北美殖民地用格列高利曆(新曆)取代了儒略曆(舊曆)。這一改變把日期後移十一天。於是富蘭克林的生日(舊曆一月六日)變成了新曆一七〇六年一月十七日。

【9】「插在這裡」(富蘭克林注，但樣章從富蘭克林的手稿中刪去)。

【10】瑪麗女王於一五五三年到一五五八年在位，她企圖把羅馬天主教再次強加給信奉新教的英國。由於迫害新教徒，被稱為「血腥的瑪麗」。

【11】也許是英文的《大聖經》(一五三九至一五四〇)。在瑪麗女王統治時期，通用拉丁文《聖經》。英文《聖經》雖然未遭官方查禁，但還是收繳銷毀許多，目的是根除新教的源頭。

【12】查理二世於一六六〇年至一六八五年在位。

【13】實際上是一六八三年十月。

【14】科頓・馬瑟(一六六三至一七二八)牧師，著述極多，以《美洲基督教大全》(一七〇二)為代表作。下面確切的引文應為「一位能幹而又虔誠的英國人」。

【15】「在楠塔基特島。」——富蘭克林注。

【16】約翰・富蘭克林(一六九〇至一七五六)，班傑明最愛的哥哥，後來當了波士頓郵政局局長。

【17】約翰・班揚(一六二八至一六八八)，英國清教牧師，代表作為《天路歷程》(一六七八)。他的作品極暢銷，一先令的廉價版隨處可見。

【18】R・伯頓為納旦尼爾・克勞奇(一六三二至一七二五)的筆名，英國歷史的普及者，「他把我們英國歷史的精粹熔入十二便士一本的小書中，裡面充滿了珍奇典故」。

【19】普魯塔克(四六至一二〇)，希臘作家，所著《希臘羅馬名人傳》由四十六篇傳記組成，大部分捉對立傳，把行為和品性相近的一位希臘名人和一位羅馬名人並列。

【20】英國作家笛福（一六六〇至一七三一）的《論計畫》（一六九七）提出一系列國民經濟的改良計畫，科頓．馬瑟的《論行善》（一七一〇）給富蘭克林建立「共圖社」的啟發，在某種程度上，他的俱樂部是以馬瑟在波士頓建立的鄰里福利社為樣板。

【21】詹姆斯．富蘭克林（一六九七至一七三五）在英國學會印刷手藝，他比班傑明大九歲，這差異有助於說明後來兄弟倆出現的摩擦。這項契約規定班傑明要為他哥哥工作九年。

【22】「馬修．亞當斯先生。」——富蘭克林注。

【23】這兩首歌謠全文未存。波士頓港燈塔島的燈塔看守人喬治．沃思萊克，和他的妻子與一個女兒在一七一八年十一月三日淹死。黑鬍子海盜愛德華．提奇於一七一八年十一月二十二日，在卡羅來納海岸附近被殺。

【24】蘇格蘭長老派教徒以其好辯天性聞名。

【25】拼寫和標點這時尚無標準。

【26】《旁觀者》是一份日報，從一七一一年三月一日至一七一二年十二月六日出版，上面刊登約瑟夫．艾狄生（一六七二至一七一九）和理查．斯帝爾（一六七二至一七二九）的文章。該報主要探討文學和道德問題。詹姆斯．富蘭克林的印刷所有該報一套數卷的合訂本。撒母耳．詹森稱該報的文筆「親切，但不粗俗；優雅，但不浮華」，它極大地影響了英語散文的寫作。

【27】湯瑪斯．特賴恩，他的《健康長壽和幸福之道，或話說節制》於一六八三年問世；一本題名為《智慧指令》的文摘出版於一六九一年。

【28】愛德華．科克爾（一六三一至一六七五）有好幾種算術著作；他的《算術》出版於一六七七年，到一七〇〇年重印過二十次。

【29】約翰．賽勒的《航海術概覽》出版於一六八一年，撒母耳．斯特梅的《水手雜誌或斯特梅數學與實用技藝》出版於一六九九年。

【30】約翰·洛克（一六三二至一七〇四）的《人類理解論》出版於一六九〇年。羅亞爾港（離巴黎不遠）的安東莞·阿爾諾（一六一二至一六九四）和皮埃爾·尼古拉（一六二五至一六九五）的《邏輯：或思維的藝術》拉丁文版（一六六二）的英文譯本出版於一六八五年。這是那個時代最有影響的邏輯教科書；詹姆斯·富蘭克林的印刷所裡有一本。

【31】詹姆斯·格林伍德的《實用英語語法論》出版於一七一一年。一七四九年富蘭克林將此書推薦給他建議在賓夕法尼亞成立的科學院。

【32】古希臘歷史學家色諾芬（約前四三一至約前三五二）的《回憶蘇格拉底》由愛德華·比希譯成英語，於一七一二年出版。

【33】沙夫茨伯里三世伯爵安東尼·阿什利·庫伯（一六七一至一七一三），英國哲學家，宗教懷疑論者。安東尼·柯林斯（一六七六至一七二九），自然神論者。富蘭克林也許讀的是沙夫茨伯里的《人的特點，風習，見解，時代》（一七一一）和柯林斯的《自由思想論》（一七一三）。

【34】參見英國詩人亞歷山大·蒲柏（一六八八至一七四四）《論批評》第五七四至五七五行。富蘭克林憑記憶引用，與原文略有出入。

【35】同上，第五六七行。

【36】這兩句詩往往歸在蒲柏名下，其實是羅斯科蒙伯爵溫特沃思·狄龍（一六三三至一六八五）寫的，見他的《論譯詩》（一六八四）第一一三至一一四行。第二行應當是「因為雅正薄弱就是見識薄弱」。

【37】北美第一家報紙是波士頓的《公共事務報》，於一六九〇年九月二十五日問世，但只出了一期。《波士頓新聞通訊》於一七〇四年四月二十四日創刊，是第二家；《波士頓新聞報》於一七一九年十二月二十一日出版，是第三家；《美洲信使周報》一七一九年十二月二十二日在費城創刊，是第四家；詹姆斯·富蘭克林的《新英格蘭報》於一七二一年八月七日創刊，是第五家。早先，詹姆斯曾承印過《新聞報》，但為時很短，這是富蘭克林誤記的原因。

【38】十四封「善人無語」寫的書信，發表在一七二二年四月十二日至十月八日的《新英格蘭報》上，這是北美出現最早的系列文章。

【39】我想他以苛刻和暴虐的手段對待我，也許造成我終身對專制勢力的憎惡。——富蘭克林注。

【40】一七二二年六月十一日，該報暗示地方當局和波士頓港外劫掠的海盜相互串通。詹姆斯·富蘭克林從六月十二日監禁到七月七日。「議會」是麻塞諸塞立法機構，下院由各鎮選出的麻塞諸塞總議院的代表組成。

【41】一七二二年六月十一日，詹姆斯·富蘭克林在《新英格蘭報》上含沙射影地說政府在鎮壓海盜劫掠行徑時手軟。結果，他被監禁了一個月。後來政府提出未經事先審查不准他發行報紙，既然審查規定只適用於詹姆斯，報紙便在班傑明的名下發行。一七二三年五月七日，詹姆斯被大陪審團宣告無罪，但《新英格蘭報》在班傑明的名下發行到一七二六年，這時他離開波士頓近三年。該報直到一七二七年初才停止發行。

【42】威廉·布雷福德（一六六三至一七五二），美洲印刷業的開創者之一，富蘭克林後來在賓夕法尼亞的競爭對手安德魯·布雷福德（一六八六至一七四二）的父親。

【43】喬治·基斯（一六三八至一七一六），貴格會教派領袖，由於跟別的貴格會會員鬧翻，從此大家不承認他。

【44】十八世紀的文章中直接引語大多不用引號。此譯本為求方便閱讀，特加引號。

【45】珀思·安博伊，在新澤西。

【46】將紐約的斯塔騰島和新澤西隔開的一條狹窄的海峽。

【47】指約翰·班揚。

【48】丹尼爾·笛福（一六六〇至一七三一）一七一九年出版《魯賓遜漂流記》，一七二二年出版《摩爾·弗蘭德斯》，一七二二年出版《宗教求愛記》，一七一五至一七一八年出版《家庭教師》。撒母耳·理

【49】查遜（一六八九至一七六一）一七四〇年出版《帕美拉》。富蘭克林一七四四年重印，這是北美殖民地出版的第一部長篇小說。

【50】位於新澤西的西部，從費城沿特拉華河而上約十八英里的地方。

【51】約翰·布朗（約一六六七至一七三七），新澤西柏林頓的一個宗教懷疑論者，醫生兼店主。查理斯·科頓（一六三〇至一六八七），他寫了一部滑稽詩《斯卡龍紀》（一六四四），其中戲擬了古羅馬詩人維吉爾《埃涅阿斯紀》的第一卷和第四卷。

【52】他在一七二三年十月到達，具體日期不詳。

第二章

後來我在街上散步，一路東張西望，走到市場附近碰見一個男孩，手裡拿著麵包。我拿麵包當飯吃的次數多到數不清，於是問他麵包在哪買，他告訴我在第二大街，我立刻跑去要買小圓餅，一種我們在波士頓吃的東西，但在費城似乎沒有。然後，我說要一塊三便士麵包，他們也說沒有這種東西。所以我決定不考慮幣值和麵包名稱的不同，直接向他要一個價值三便士的麵包。於是他給我三個又大又鬆的麵包捲。數量之多讓我嚇了一跳，不過我還是接了過來，由於口袋裝不下，我便兩手臂各夾一個麵包，嘴裡咬一個。

我沿市場街一直走到第四大街，從里德先生（我未來的岳父大人）的門前經過；他女兒站在門口看見我，覺得我的樣子荒謬又可笑，而實際情況也確實是這樣。然後我轉了個彎，順著板栗街往前走，走到胡桃街，一路上吃著麵包，逛了一圈，發現自己又回到市場街碼頭，在我來的時候坐的小船附近。我到碼頭上喝了些河水，加上一塊麵包捲，已經把肚子撐大，我便把剩下的兩個麵包給跟我同船的一個女人和她的孩子，她們還有更遠的路要走。

吃飽喝足有精神後，我在街上散步。這時街道上有許多穿戴整齊的人，他們都朝同一個方向走去；我跟著一起走，結果走到市場附近的一個貴格會的大聚會堂。我在他們之間坐下來，左顧右盼了一會兒，沒聽見有人講話[1]；由於前一天非常勞累，又缺少休息，整個人昏昏欲睡的，不一會兒就進入夢鄉。一直睡到有個人好心把我叫醒，這兒成了我在費城待過的（或睡過的）第一幢房子。

我朝河邊走，仔細觀察人們的臉，我看見一個貴格教年輕人，他的相貌我十分喜歡，我上前跟他打招呼，並詢問他外地人能在哪兒找到住處。當時離我們不遠有個「三水手」招牌。

他說：「這是一個接待外地人的地方，不過名聲不好。如果你願意跟我走，我會幫你找好一點的地方。」

他帶我到清水街的「曲棍客棧」，我在這裡吃了一頓飯。正在吃的時候，有人問了我幾個詭異的問題，好像是因為我的年紀和外表，懷疑我可能是逃亡者之類的。

餐後，瞌睡蟲又來了，我衣服也沒脫就躺下，一直睡到下午六點，有人叫我吃飯；吃完飯又去睡，一覺睡到天亮。起床以後，我儘量把自己弄得乾淨整齊，去找印刷所老闆安德魯·布雷福德。我在店裡居然看見他爸爸，這位老人我在紐約見過，他騎馬來費城，所以比我早到。他把我介紹給他兒子，他兒子對我很有禮貌，請我吃了一頓早餐，但卻告訴我，他目前不缺人手，因為前不久剛僱用了一個。不過最近城裡又開了一家印刷所，老闆姓凱默[2]，或許他會僱用我。如果不行，他歡迎我先住他家，幫我找零工做，等找到正式的工作再說。

老先生說，他願意陪我去新開的印刷所。我們找到凱默時，布雷福德說：「老鄰居，我帶了一個同行的年輕人來見你，也許你正需要這麼一個人呢！」

凱默問了我幾個問題，並把一副排字盤遞到我手裡，看我如何操作，然後說他不久就會僱用我，不過現在還沒有我可以做的事情。凱默從來沒有見過老布雷福德，因此把他看作當地景仰他的人之一，便聊起自己的現狀和前景。布雷福德也不透露自己是另一位印刷商的父親，聽到凱默說他希望不久後能把大部分生意攬到自己手裡，便問了一些巧妙的問題，提出幾點小小的懷疑，引誘凱默說明想法、依仗的勢力，以及打算如何開展業務等等。

我站在旁邊一字不漏的聽著，立刻看出他們一個是老狐狸，一個是嫩雛雞。後來布雷福德把我留在凱默那兒，當我告訴凱默那老人是誰的時候，他大吃了一驚。

我發現，凱默的印刷所只有一台破舊的印刷機，和一副磨損的超大號英文鉛字[3]，當時他正用這副鉛字排一首悼念阿奎拉·羅斯[4]的《輓歌》。此人我在前面提過，他是一個聰明的年輕人，品格優秀，在鎮上很受人敬重，又擔任議會祕書，也是一位不錯的詩人。凱默也寫詩，不過寫得馬馬虎虎。不能說他是在排印《輓歌》，因為他是把腦海的文字直接用鉛字排出來，因此沒有底稿，又只有一副字盤，而《輓歌》可能需要所有的鉛字，所以誰也幫不上忙。我想辦法先把他的印刷機（這台機器他還沒有用過，對它一竅不通）調到適合使用，並答應一旦他把《輓歌》準備就緒，我就來幫忙印刷。於是我回到布雷福德的印刷所，他暫時給我一點零工做，這也解決我吃住的問題。過了幾天，凱默派人叫我去印《輓歌》。這時候他又弄到一副字盤，還有一本小冊子要重印，於是他叫我做這些工作。

我發現這兩個印刷商都不稱職。布雷福德沒有受過專門訓練，又目不識丁；凱默雖然有點學問，卻純粹是個排字工，對印刷一竅不通。他曾經是個法國先知[5]，能表演他們熱烈激動的動作。這時候，他並無特別信奉哪一種宗教，但有時候，每一種都信一點；他對世道人情渾然無知，我後來發現他的性格有不少無賴成分。他不喜歡我在他那兒打工卻住在布雷福德家，他有一棟房子，不過裡面沒有家具，所以不能住。他要我到前面提到的里德先生家住，因為里德先生是他的房東。這時候，我的箱子和衣物都已運到，所以在里德小姐的眼裡，我把自己打扮得比她第一次碰巧看見我在大街上吃麵包捲時體面多了。

我開始和鎮上的年輕人交朋友，這些人都喜歡讀書，我和他們晚上聚在一起，相處得十分愉快。我靠勤奮和節儉，存了點錢，日子過得挺愜意，儘量把在波士頓的事拋諸腦後，不想讓任何人知道我住在哪裡，只有我的朋友柯林斯除外。他知道我的祕密，我寫過信給他，他總是守口如瓶。

但最後出了點事，讓我不得不回老家，時間比我預計的提前許多。我有個姐夫，叫羅伯特·霍姆斯[6]，是一艘單桅帆船的船長，在波士頓和特拉華之間做生意。他在費城南方四十英里的紐卡斯爾聽到我的消息，寫了一封信給我，信中提到我的不辭而別使波士頓的朋友們十分牽掛，並要我放心，他們對我是出於好意。還說，如果我肯回去，什麼都照我的意思做，真的懇切希望我回去。我回信感謝他的忠告，但也陳述我離開波士頓的理由，言真意切，使他相信我並不像他認為的那樣糊塗。

殖民地總督威廉·基斯爵士[7]當時正在紐卡斯爾，霍姆斯船長收到我的回信時，他們倆正好在一起，船長便跟他提起我，還讓他看了我的信。

總督把信從頭到尾看了一遍，知道我的年齡後，似乎非常驚訝。他說看樣子我是一個才華洋溢的青年，應當給予鼓勵。費城的印刷商水準很差，如果我在那裡創業，成功肯定指日可待；他願意讓我承包一些公家的生意，並在其他方面給我他能力所及的幫助。這是我姐夫後來在波士頓告訴我的，當時我全然不知。有一天我和凱默正在窗邊做事，看見總督和另一位衣著考究的紳士（原來是紐卡斯爾的弗倫奇上校）穿過大街朝著印刷所走來，隨後聽見他們到了門口。

凱默趕快跑下去，以為他們是來找他的。但總督卻說要見我，說著便上樓，他禮賢下士的態度讓我很不習慣，見到我就一直誇讚，大有相見恨晚之意，還不帶責怪之意地埋怨我，為何不在初來此地時和他認識一下，並邀請我跟他去一家酒館，說他和弗倫奇上校正要去那裡品嘗高級的馬德拉白葡萄酒呢！

我可不是一般的受寵若驚，凱默更是呆若木雞。不過我還是跟著總督和弗倫奇上校去了第三大街拐角上的一家酒館，他細細品嘗著馬德拉酒，建議我自立門戶，還為我分析成功的種種可能。他和弗倫奇上校都向我保證，有他們的影響力，屆時政府單位的生意就由我一手包辦。我說不知道我父親是不是願意支持，總督說他會寫信給我父親，告訴他這麼做的種種好處，不用擔心說服不了他。

事情就這麼決定了，一有船我立即帶著總督的推薦信回波士頓找我父親。在這期間，這個計畫仍然保密。我依舊在凱默那裡打工，總督還三不五時派人來請我去他那裡吃飯，跟我交談時他的態度親切友好得難以想像，我認為這是我莫大的榮幸。

大約一七二四年的四月底，有一艘小船要開往波士頓。我向凱默請假說要回去探望朋友。總督把一封厚厚的信交給我，信中把我誇獎一番，大力推薦我在費城開業，說這計畫能讓我發財致富。

船在駛離海灣時撞到一個沙洲，船裂了一道縫，海上波濤洶湧，我們不得不往外舀水，一路上幾乎沒停過，我當然也不例外。大約兩個星期後，我總算平安到達波士頓。我已經離家七個月，親友們沒有我的一點音訊；因為我姐夫還沒有回來，也沒有寫信說過我的情況。我意外地露面使全家驚奇不已；大家都很高興看見我，熱烈歡迎我，只有我哥哥除外。我到他的印刷所去看他，我比以前為他打工時穿得好多了，一身時髦的新西裝，胸前佩戴一只懷錶，口袋裡裝著近五英鎊的銀幣。他接待我的態度不是十分大方，把我渾身上下打量了一番，轉頭又去幹活了。

雇工們一直追問我去了什麼地方？我喜歡不喜歡？我把那裡說得天花亂墜，過著好日子，還一直說我想回去。有個工人問我在那裡用的是什麼錢？我掏出一把銀幣給他們看，這是一種他們非常少見的「西洋景」[8]，因為波士頓用的是紙幣。然後我趁這個機會讓他們見識我的懷錶。最後，（我哥哥仍然悶悶不樂，臉色陰沉）我給他們一塊披索買酒喝，然後就告辭了。

我的拜訪把哥哥徹底得罪了。後來我母親勸他和解，說她希望我們和睦相處，不管怎樣還是親兄弟，我哥說，我在他的工人面前羞辱他，他永遠不會忘記和原諒。然而這件事，他其實是誤會了。

我父親看了總督的信，顯然有點驚訝。不過，有好幾天他儘量避而不談；等霍姆斯船長回來後，他拿信讓他看，問他是否認得基斯，他是個什麼樣的人。隨後我父親提出他的看法：讓一個三年以後才成年的孩子創業，實在欠缺周詳的思考。霍姆斯說他贊成這項計畫；但父親態度明確，認為此事欠妥，一口回絕。然後他寫了封措辭文雅的信給總督，感謝他對我的照顧和栽培，但對創業一事婉言謝絕。他認為我太年輕，不足以擔當如此重任，更何況籌備此事必須耗費鉅資。

我的朋友柯林斯是個郵局的業務員，聽了我對新國度的描述，十分高興，立即決定到那裡闖蕩；就在我等候我父親決定的時候，他就出發趕陸路去羅德島，把一批關於數學和自然科學的豐富藏書留下，要我一起帶到紐約，他在那兒等我。

我父親雖然不同意威廉總督的建議，但還是非常高興，因為我能在這麼短的時間得到當地仕紳的好評；因為我的勤奮謹慎，把自己裝扮得如此體面。知道我和哥哥和解無望，他便同意我重返費城，叮嚀我要謙恭有禮，努力贏得大家的尊重，切忌諷刺誹謗，他認為我有這樣的愛好。還說要埋頭苦幹，兢兢業業，省吃儉用，到二十一歲，我就會有足夠的積蓄自立門戶，如果離目標差一點，他願意幫助我，但他能給予的就只有如此。此外還有一些他和我母親表示關愛的小禮品，有了他們的嘉許和祝福，我再次乘船前往紐約。

單桅帆船在羅德島的新港靠岸後，我去探望我的哥哥約翰，他已經結婚，在那裡定居多年。他熱情地接待我，因為他一向疼愛我。他有一個朋友姓弗農，在賓夕法尼亞有人還了欠他的錢，約三十五英鎊，哥哥希望我先替他保管這筆錢，等他通知如何處理，於是他給我一份授權書。這件事後來對我造成極大的不安。

在新港，又來了幾名去紐約的乘客，其中有兩個結伴同行的年輕女子，還有一個神情嚴肅、通情達理，一副貴婦模樣的貴格教婦女，帶著幾名隨從。我表示隨時樂意給予她協助，這給她留下挺好的印象。因此她看到我和那兩個年輕女子關係日漸親密，且她們似乎鼓勵進一步發展下去時，她把我拉到一邊說：「年輕人，你無親無友，不諳世事，也不明白年輕人不知不覺就會掉進去的圈套，我真替你擔心。那兩個肯定都是壞女人，從她們的行為舉止可以看出來。她們跟你素昧平生，如果你不提防著點，她們會把你誘入險境。我好心奉勸你，是為你好，別再跟她們往來了！」

起初我並不認為她們像她想的那麼壞，但她提到幾件她耳聞目睹而我卻沒有留意的事情，說服我相信她是對的。我感謝她的忠告，答應和她們保持距離。到達紐約時，這兩個年輕女子告訴我她們住的地方，並邀請我去，我沒有答應。幸好我沒去，因為第二天船長發現丟了一把銀勺子和其他幾樣東西，這些都是從他的艙房被拿走。知道這兩個女子是妓女後，他弄了一張搜索票去搜她們的住處，並找到贓物，這兩個女賊也得到應有的懲罰。雖說我們在行程中躲過了一個暗礁，但我認為躲過這一劫對我而言更為重要。

在紐約，我找到我的朋友柯林斯，他比我早到。我們從小經常在一塊兒讀書。但他的條件好，讀書學習的時間比我多，數學方面是個奇才，我的數學遠不如他。我住在波士頓那陣子，大部分時間都在跟他聊天。他一直是個克己勤奮的少年，他的學識深受幾位牧師和紳士的敬佩，大有出人頭地的希望。但是，在我離家出走的日子，他養成喝酒的習慣。根據他自己的說法，和我聽到別人的議論，我知道他到紐約後，天天喝得爛醉如泥，行為非常古怪。此外，他還賭博，把錢都輸光了，所以我只好替他付住宿的錢，還得支付他到費城的旅費以及生活費，真是讓我焦頭爛額。

當時的紐約總督伯內特[9]，也就是伯內特主教的兒子，從船長那裡得知有一個青年帶了很多書，便希望船長帶我去見他，於是我登門拜訪。本來要帶柯林斯一起去，可惜他醉得不省人事。總督對我非常客氣，還帶我參觀他的藏書室，那是個很大的藏書室，我們談論著書和作者。這是第二位眷顧我的總督，這真是我的榮幸，讓我這樣一個窮孩子感到非常喜出望外。

在我們前往費城途中，我收到弗農的那筆欠款，要是沒有這筆錢，我們很難走完全程。柯林斯想受僱於某個帳房，不過人家發現他不是滿身酒氣，就是行為不當，雖說他有推薦信，但一直求職未果，只好先跟我同住一個房子，食宿費由我一人承擔。柯林斯知道弗農那筆錢後，就一直向我借錢，答應有工作立即還我。他愈借愈多，我十分苦惱，如果對方要我匯款，我該如何是好。

他酒還是照喝不誤，我們有時為此爭吵。因為酒一喝，脾氣就大。有一次，跟另外幾個年輕人在特拉華河上划船，輪到他時，他卻堅決不肯。

他說：「好好划，我要回家。」我說：「我們才不划呢！」他說：「你們非划不可，不然我們就在水上過夜，你們看著辦吧！」別人妥協說：「划就划，這有什麼難？」但一想到他的所作所為，我心裡不是滋味，所以就是不划。結果他說如果我不划就把我扔進河裡，他踩著橫坐板向我撲過來。他一靠近我伸手就打，我把手在他的胯下一拍，順勢往上一舉，將他倒栽進河裡。我知道他是個游泳好手，所以不擔心。當他游過來快抓住小船的時候，我們就划幾下讓他搆不著。每次他靠近船，我們就再划幾下將船移開，並問他肯不肯划，結果他就算氣死仍堅決不划船。眼看他就要體力不支，我們就把他拉上船，將他溼淋淋地送回家；此後，我們就很少客氣地說話了。一名西印度船長受託為巴巴多斯[10]一位紳士的兒子們找一名家庭教師，正好遇見柯林斯，便同意帶他過去。他答應一領到錢立即匯給我，還清債務。但是，此後他就杳無音訊了。

動用弗農那筆錢是我一生中最早犯的大錯之一。這件事證明：我父親認為我太年輕不能管理重大事業的判斷不無道理。雖然，總督威廉爵士說我父親過於謹慎小心；人和人有天壤之別，年長難保事事謹慎，年幼未必處處唐突。

威廉爵士說：「既然你父親不肯幫你創業，那我來幫你。給我一張清單，列出需要從英國購買的東西，我派人去採購。等你有能力的時候再還我；我決定在這裡開一間好的印刷所，我相信你一定會成功。」

說這番話時，他一臉誠懇，所以我對他沒有絲毫懷疑。我一直對在費城創業的計畫嚴加保密，現在我仍守口如瓶。如果有人知道我這麼信賴總督，更了解他的朋友很可能會勸我打消這種念頭，因為我後來聽說「隨意許諾，無意履行」就是他的為人。但這不是我主動提出的，我怎麼知道他的慨然許諾是空口說白話呢？我相信他是天下最好的人之一。

我交給威廉爵士小型印刷所必需的設備清單，我估算大約一百英鎊，他欣然同意。又問我要不要親自到英國挑選鉛字，以確保每樣東西的品質，不會被占便宜。

他說：「你可以在那裡結交朋友，在圖書銷售和文具買賣上建立聯繫。」我也認為這麼做是好的。他要我準備一下，搭安尼斯[11]的船走。這是一艘年航船班，是當時往返倫敦和費城之間唯一船隻。安尼斯的船幾個月後才起航，所以我繼續在凱默那裡打工，心裡牽掛著柯林斯向我借的那筆錢，天天擔心弗農來要。不過，幾年過去，這種情況並沒有出現。

我忘了提到一件事：在離開波士頓的初次航行中，由於布洛克島[12]附近的海面風平浪靜，船上的人便動手捕捉鱈魚，抓到很多。在此之前，我一直堅守著不吃葷。看到這種場景，我同意特賴恩師傅的看法：捕魚是一種無因的謀殺，因為魚沒有造成也無法造成任何傷害，可以讓人名正言順地屠殺牠們，這種見解似乎蠻有道理。不過我原先很愛吃魚，尤其是魚熱騰騰起鍋時，香氣撲鼻，教人垂涎欲滴。有陣子我在原則和喜好之間躊躇不定；後來看到魚被剖開時，其他小魚被人從肚裡取出來；於是我想，如果你們都互相吞食，那我為何不能吃你們呢？於是我開始放心地吃鱈魚，而且會繼續吃下去，只是有時會吃吃素。這麼看來，身為理性的動物倒是一件十分方便的事，因為想做一件事時，總能找出或編出一個理由。

我和凱默相處和睦，看法相當一致；他絲毫沒有懷疑我有自己開業的打算。他一如既往地熱情善辯，因此我們有過多次辯論。

我習慣用蘇格拉底辯論法跟他周旋，先提出似乎不相關的問題，再步步逼進切入正題，這往往使他陷入為難和矛盾的境地，最後他變得戰戰兢兢，連最平常的問題也不太願意回答，也不問：「你打算由此推定什麼呢？」不管怎樣，這使他對我的辯論能力評價極高，所以他鄭重提議和我合作創立一個新教派。由他宣導教義，我將反對者一一駁倒。但當他開始解釋教義的時候，我發現一些令人困惑的問題，對此我不敢苟同，除非可以在教義裡融合我的觀點。

凱默留著長鬍子，因為在摩西律法的某處說：「鬍鬚的周圍不可損壞[13]。」他在每週第七日守安息，這兩點他堅持遵守。我雖然不喜歡，但可以接受，條件是他要接受不吃葷主義。

他說擔心身體會受不了，我叫他儘管放心，因為這樣對身體反而更好。他平時非常貪吃，我想看他半饑半飽的樣子，從中找樂趣。他同意試試看，如果我願意奉陪的話。我當然同意，於是我們堅持了三個月素食，飯菜由一位女鄰居做好送來。我開了一份菜單，列了四十樣菜，請她為我們準備時有點變化，單子上沒有雞鴨魚肉。由於便宜，每週花不到十八個便士，更適合我當時的情況。

此後的幾個封齋期我很嚴格的遵守，從平常飲食變為齋戒，又從齋戒變為平常飲食。儘管突然，卻沒有絲毫不便。所以有人說飲食的改變應順其自然，循序漸進，這似乎沒什麼道理。

我繼續如此開心過日子，可憐的凱默卻苦不堪言，他對這個計畫煩透了，渴望埃及的肉鍋[14]。於是有天他點了一隻烤豬，請我和另外兩名女性友人一起享用，也許是烤豬太早上桌，他又饞得受不了，我們到之前烤豬已經被他吃個精光。

在此期間，我已經向里德小姐求愛了。我對她滿心敬佩，無限愛慕，而且我相信她對我也是這樣。但是由於我即將遠行，兩人又都十分年輕，才十八出頭。所以她母親認為，最明智的辦法是不要操之過急，等我如計畫般的創業之後，成家便水到渠成；也或許她認為我的計畫不會如我想的那麼好。

這段時間，主要跟我往來的是查理斯．奧斯本、約瑟夫．華森和詹姆斯．拉爾夫[15]。他們都愛讀書。前兩位是鎮上一位傑出的代書查理斯．布羅克登[16]的法務助理，後一位是一位商人的職員。

華森是個虔誠、明智的青年，為人正直。另外兩個對於宗教原則非常散漫，尤其是拉爾夫，像柯林斯一樣總是讓我很困擾，一直把我搞得心神不寧。

奧斯本對朋友通情達理，坦誠忠信，富有愛心；但在文學問題上太多批評。拉爾夫頭腦靈活，舉止斯文，能言善辯；我沒見過比他更健談的人。他們都酷愛詩歌，並且開始試寫一些短詩。星期天我們常出去散步，在斯庫基爾河附近的樹林裡朗讀詩作，討論讀書心得，十分愜意。

拉爾夫有意鑽研詩歌，深信自己在這方面會出人頭地，從而發財致富。他宣稱最優秀的詩人剛開始一定也和他一樣，錯誤百出。奧斯本勸阻他，說他沒有詩歌天賦，不要不切實際，應該要專心致力於自己的本業。即使他在商場上沒什麼資本，或許能靠著他的勤奮嚴謹毛遂自薦地覓得商務代理人一職，有朝一日再自立門戶。我贊成寫詩自娛娛人，改進自己的文學造詣，但不可好高騖遠。

基於以上考量，於是我們決議在下次聚會時，每人拿出自己的作品，大家共同觀摩，相互批評，各自修正，以求進步。因為我們著重語言和表達，所以不考慮原創問題。於是說好下次的作業就是把描寫上帝降臨的《詩篇》第十八篇[17]加以改寫。聚會的日子快到了，拉爾夫來找我，告訴我他已經完成；我一直忙得不可開交，什麼也沒寫。於是他讓我看他寫的東西，徵求我的意見；我十分欣賞，覺得是篇佳作。他說：「奧斯本出於嫉妒，總把我寫的東西說得一無是處，且萬般指責。不過他並不嫉妒你，所以我希望你把這篇文章留著，到時候說是你寫的，我就假裝交白卷，看他怎麼說。」我答應之後，馬上照抄一遍，好讓它看起來是我的筆跡。

我們見面後，華森先讀他的詩作，其中有一些不錯的句子，但也有不少敗筆。接著換奧斯本的作品，著實好多了。拉爾夫秉公評比，指出一些毛病，對其中的佳句大加讚揚，輪到他自己時則按照計畫交白卷。我假裝一副畏縮，請求寬恕的樣子，還說了些沒時間修改之類的話。然而任何藉口都不行，我必須交出來。詩被一讀再讀，華森和奧斯本甘拜下風，讚不絕口。

拉爾夫冷冷地批評了幾句，並提出幾點修改意見，但我極力辯護。奧斯本反對拉爾夫的意見，並說他當批評家和當詩人一樣好不到哪去，所以不屑再繼續辯論下去。後來他們一起回家，奧斯本對他所認為的我的作品猛誇，還說剛才之所以有所保留，是怕有奉承之嫌。

他說：「誰想得到富蘭克林居然能有這樣不同凡響的表現，繪聲繪影之功，翻江倒海之力，火山噴發之勢，更勝原作一籌！他平常交談時，辭不達意，吞吞吐吐。可是天哪，他真是妙筆生花啊！」

再次碰頭的時候，拉爾夫揭露底細，我們把奧斯本耍了，他被大家嘲笑了一番。

這件事讓拉爾夫下定決心當一名詩人。我竭盡全力勸阻，但他還是堅持繼續寫詩，直到蒲柏[18]說服他。不過他後來成為不錯的散文作家，關於他的情況後面還會提及。然而，其他二位我沒有機會提及，所以在這裡交代幾句。幾年後華森死在我的懷抱裡，我的悲痛真可謂撕心裂肺，因為他是我們之中的佼佼者。奧斯本去了西印度，成為一名傑出的律師，卻不幸英年早逝。我跟他曾做過嚴肅認真的約定：如果可以的話，先過世的那個人要對另一人做一次友好拜訪，說明另一個國度的真實情況。但他從來沒有履行自己的諾言。

總督似乎喜歡有我作伴，所以常要我到他府上，他幫我創業的事總是掛在嘴邊。我要帶的東西除了提供我購買機器、鉛字、紙張等所需錢款的信用證，還有他為我寫給幾位朋友的推薦信。他和我約定好時間，要我去拿推薦信，但我不知道跑了幾趟，時間總是一拖再拖，而船的行期也多次延期。直到船即將揚帆出發，我去辭行並取信的時候，他的祕書巴德博士[19]告訴我，總督忙得不可開交，在船到達紐卡斯爾[20]前會寫好，再把信交給我。

儘管拉爾夫已經結婚，且有一個孩子，但還是決定陪我遠航。他想建立聯繫管道，以便獲得商品代銷生意。不過我後來發現，他是因為對妻子的家人不滿，因此有意丟下妻子再也不回來。

跟朋友告別，並向里德小姐許下承諾後，我坐船離開費城。船到紐卡斯爾停靠，總督果然在那裡。可是當我去他寓所的時候，他卻讓祕書接見我，傳達天下最禮貌的口信：他因為事務纏身，此刻無法見我；他會把信送到船上，衷心祝我一路順風，早日歸來等等。我回到船上，有點迷惘，但仍然未起疑心。

費城鼎鼎大名的律師安德魯·漢密爾頓先生[21]帶著兒子與我同船旅行，還有貴格會商人德納姆先生[22]，馬里蘭一家鐵廠的兩位老闆奧尼恩先生和拉塞爾先生，他們訂的是頭等艙，我和拉爾夫在三等艙裡共用一個床位。船上沒有人認識我們，所以把我們看作平民百姓。然而漢密爾頓先生和他的兒子（即後來的總督詹姆斯[23]）又從紐卡斯爾返回費城，因為漢密爾頓先生被重金召回，為一艘被緝拿的船隻辯護。就在起航之前弗倫奇上校上了船，對我非常敬重，於是我受到許多的關注，其他幾位紳士邀請我和拉爾夫去頭等艙，因為還有空位，於是我們便搬了過去。

得知弗倫奇上校把總督的信函帶上船，我便向船長拿應該由我保管的信件，船長說信件統統裝進袋子，此時他無法找，但在英國登陸之前，或許有機會找出來。於是我暫時放下心，繼續航程。

在頭等艙裡，大家相處得很好，因為還有漢密爾頓留下豐富的存糧，生活好得不得了。在這次航程中，德納姆先生與我結下終身不渝的友誼。若非如此，一路天氣惡劣的這段航程恐怕就無法那麼愉快了。

注解

【1】富蘭克林指的是貴格會教友在宗教儀式中保持沉默，直到教友中有人受靈光感動才說話的做法。

【2】塞謬爾·凱默（約一六八八至一七四二），他在前一年從倫敦來。印刷業做得不成功，於一七三〇年離開費城。

【3】這種鉛字不適合印書和印報。

【4】阿奎拉·羅斯（約一六九五至一七二三），安德魯·布雷福德的印刷工；他兒子約瑟夫跟富蘭克林當過學徒。

【5】一七〇六年逃往英國的法國新教流亡者。他們處於出神狀態時伴隨有抽筋似的動作，在此期間他們得到救世主的天國即將到來的啟示。

【6】羅伯特·霍姆斯（卒於一七四三年以前），富蘭克林姐姐瑪麗的丈夫，是海岸貿易商船的船長。

【7】威廉·基斯（一六八〇至一七四九），一七一七至一七二六年間任賓夕法尼亞總督，一七二八年因躲債逃往英國。

【8】銀幣在北美殖民地非常罕見。

【9】威廉·伯內特（一六八八至一七二九），紐約和新澤西總督（一七二〇至一七二八），索爾茲伯里主教的兒子。

【10】當時是英屬西印度群島中的一個島。

【11】湯瑪斯・安尼斯是「倫敦希望號」的船長，此船是富蘭克林一七二四年去倫敦所搭乘的定期船班，在英國和費城之間往返。

【12】離羅德島海岸十英里處。

【13】見《聖經・舊約・利未記》第十九章第二十七節「頭的周圍不可剃，鬍鬚的周圍也不可損壞。」凱默也許還留著長髮。

【14】參見《聖經・舊約・出埃及記》第十六章第二至三節：「以色列全會眾在曠野向摩西、亞倫發怨言，說『巴不得我們早死在埃及的耶和華手下，那時我們坐在肉鍋旁邊，吃得飽足；你們將我們領出來，到這曠野，要叫全會眾都餓死啊！』」

【15】查理斯・奧斯本的生卒年月不詳；約瑟夫・華森約死於一七二八年；詹姆斯・拉爾夫（一六九五至一七六二），他努力寫詩沒成功，但成了英國一名成績卓著的政論家。富蘭克林於一七五七年回倫敦時，拉爾夫幫助他宣傳北美殖民地的情況。

【16】查理斯・布羅克登（一六八三至一七六九）於一七〇六年到費城。

【17】參見《聖經・舊約・詩篇》第十八篇第九節：「他又使天下垂，親自降臨，有黑雲在他腳下。」

【18】拉爾夫為亞歷山大・蒲柏在《愚人記》第一版（一七二八）中抨擊的一些作家辯護。蒲柏在第二版中增加了下面兩句：

「沉默吧，你們這些狼！因為拉爾夫在對辛西婭嚎叫，

使夜晚變得恐怖——回答他吧，你們這些梟鳥。」（卷三，第一五九至一六〇行）

辛西婭為月亮和狩獵女神。在一七四二年版中，蒲柏又加了對拉爾夫的挖苦：

「且看；新聞記者們停止了。即便拉爾夫也後悔了。」（卷一，第二一五至二一六行）

【19】派翠克・巴德（或伯爾德）一七二〇年後當港口醫生在費城居住。

【20】在特拉華。

【21】安德魯・漢密爾頓（約一六七八至一七四一）在一七三五年審判約翰・彼得・曾格煽動性誹謗罪時，擔任辯護律師，從而確立殖民地的新聞出版自由，贏得「費城律師」的稱號。

【22】湯瑪斯・德納姆（？至一七二八）商人兼慈善家，一七一五年離開英國的布里斯托爾，後來成為富蘭克林的贊助人。

【23】詹姆斯・漢密爾頓（約一七一〇至一七八三），於一七四八至一七七三年間四次出任賓夕法尼亞總督。

第三章

進入英吉利海峽時，船長兌現他對我的承諾，給我機會從袋子裡找總督信件。我沒發現任何具名給我的信件，我從筆跡判斷，找出六、七封可能的信件，其中有一封是寫給皇家印刷所的巴斯基特[1]，還有一封是寫給一位文具商。

我們於一七二四年十二月二十四日到達倫敦。我去拜訪那位文具商，因為首先路過那裡。我把那封認為是總督的信交給他。他說不認識這個人，不過還是把信拆開看了，說：「喲，這是里德爾斯登[2]的信，我最近發現他是一個十足的無賴，我不想跟他有任何瓜葛，也不想接他的任何來信。」說完把信往我手裡一塞，轉身丟下我接待顧客去了。

我發現這都不是總督的信，大為驚訝。思前想後，開始懷疑他的誠信。我去找朋友德納姆，把事情的原委全告訴他。他告訴我基斯的德性，還說他絕對不可能替我寫信，凡了解他的人對他沒有絲毫信賴。德納姆笑我異想天開，竟然認為總督會給我信用證，一個不講信用的人怎麼給信用證呢？我說自己很憂慮不知該怎麼辦，他勸我想辦法在印刷所找個工作，提高自己的本領，等回到美洲開業就大有來頭了。

我們碰巧知道，就像那位文具商所說：里德爾斯登是個十足的惡棍，他曾迫使里德小姐的父親替他擔法律責任，幾乎毀了里德先生的一生。從他的信判斷，似乎存在一個陷害漢密爾頓先生的密謀（這時候漢密爾頓本應和我們一起漂洋過海呢），看樣子基斯和里德爾斯登共同參與其中。德納姆身為漢密爾頓的朋友，認為應當讓漢密爾頓知道此事。所以當漢密爾頓到達英國時，部分出於對基斯和里德爾斯登的忿恨和惡意，部分出於對漢密爾頓的善意，我便去拜訪他，並把信交給他。他對我表示由衷的感謝，因為這些資訊對他十分重要。從此以後，他成了我的朋友，這在後來的很多事情上對我大有好處。

身為一個總督，竟然用這種卑劣的把戲，捉弄一個無知的窮孩子，這教人作何感想！他已經養成習慣，誰都想討好；沒什麼可給，就只能給人期望。要不是這樣，他倒是一個聰明、通達的人，一個很好的作家，一個百姓的好總督，儘管對他的選民也就是領主們[3]而言並非如此；因為對於領主的指示，他有時也會不理不睬。不過，有幾項最好的法令都是他規劃，也是在他任職期間通過。

拉爾夫和我成了共患難的好哥兒們。我們在小不列顛的一條街，離聖保羅大教堂不遠的地方租房，每週三先令六便士，是當時出得起的最高租金。他找了幾個親友，但都是窮人，沒辦法幫他。這時他才告訴我他有意留在倫敦，不打算回費城。他籌措的錢在路上花光了，我還有十五個皮斯托爾[4]；在他找工作期間，偶爾向我借錢維持生活。

起初拉爾夫相信自己有當演員的資質，試圖進入劇院，他曾向威爾克斯[5]提出申請，可是威爾克斯勸他別做這行，因為不可能會成功。

然後他向帕斯特諾斯特街[6]的一個出版商羅伯茨建議，每週寫一篇類似《旁觀者》刊登的文章，還有附加條件，但羅伯茨沒有買帳。隨後他又試圖找抄寫員的工作，替法學協會[7]抄寫、印刷法律文件，但找不到空缺。

我很快在帕默的印刷所找到工作，這是當時巴托羅繆廣場[8]一家有名的印刷所；我在這裡工作將近一年。我十分勤快，但不少收入花在跟拉爾夫看戲和其他娛樂場所。我們很快就把錢花光了，後來過著勉強糊口的日子。他似乎完全忘了老婆和孩子，我也漸漸淡忘與里德小姐的約定，僅寫過一封信給她，告訴她我一年半載回不去。這是我另一個重大錯誤，如果能再活一遍，我希望能夠改正。事實上，照我們這樣花用，我連旅費都不夠。

在帕默印刷所我的工作是為沃拉斯頓的《自然宗教》[9]第二版排字。我覺得他有些論據並不扎實，於是我寫了一篇短文加以評論。題目是《論自由與必然，快樂與痛苦》，題獻給我的朋友拉爾夫，印數不多，卻使帕默先生對我刮目相看，認為我是個聰明的年輕人。但他就我那小冊子對我提出嚴肅的忠告，他覺得極不可取。我印這本小冊子又是一大錯誤[10]。

我在小不列顛街住的時候，認識一位姓威爾科克斯的書商，他的書店就在隔壁。他有極多二手藏書，當時還沒有可借還圖書的圖書館；我們講好合理的條件（具體的內容現在忘了）我可以借閱任何書籍，看完就還。我認為這非常便利，便盡可能充分利用。

我的小冊子不知道如何落到一位姓萊昂斯[11]的外科醫生手裡，他寫過一本書，名叫《人類判斷的正確》，是它促成我們的相識。他對我大為推崇，經常找我討論問題，還帶我到齊普塞大街陋巷裡的「號角」淡啤酒店，把我介紹給《蜜蜂的寓言》的作者曼德維爾博士[12]，此人有一家俱樂部，為人極其幽默風趣。萊昂斯在巴特森咖啡屋[13]把我介紹給彭伯頓博士[14]，他答應有機會帶我去見以撒．牛頓爵士，我多夢寐以求啊！但卻永遠都沒有這機會。

我帶來的幾件古董，其中最有價值的是個用火精煉過的石棉做的錢包。漢斯．斯隆爵士聽說後便來找我，並邀請我去他位於布魯姆斯伯里廣場的家裡，把所有的古董讓我見識一番，並拜託我讓他把收藏品數量再增加一件，為此他給了我一大筆錢。

在我和拉爾夫住的房子裡，還住著一位年輕女子T太太；她是個婦女服飾用品商，她在修道院[15]附近開店。她很有教養，頭腦聰明，舉止活潑，說起話來娓娓動聽。晚上拉爾夫常為她朗讀劇本，兩人關係日漸親密，後來她另找住處，拉爾夫也跟著搬過去，兩人同居了一段時間。但因拉爾夫沒有工作，她的收入不夠養活他們和她的孩子，拉爾夫便下定決心離開倫敦，當一名鄉村教師。他認為自己適合這個行業，因為他寫了一手好字，又是算術高手。但他覺得他當老師是高材低就，有朝一日飛黃騰達時，絕對不讓人知道他曾經做過這行業。於是他改名換姓，賞光用了我的姓氏。不久，我接到他的來信，說他在一個小村子裡安家落戶（我想是在柏克郡），他在那裡教十到十二個男孩讀書寫字，每人第一週收六便士。他托我照顧T太太，並希望我回信，寫明該地的小學教師富蘭克林收就行。

拉爾夫持續寫信給我，他當時正在寫一篇史詩，寄來一大段作品，希望我批評指正。我不時給他意見，但較傾向於希望他就此罷手。當時恰逢楊的《諷刺詩》剛出版，我抄了一部分寄給他，這卷詩強烈諷刺一味追求詩人並希望獲得晉升的愚蠢行為[16]。但這一切都是白搭，一疊一疊的詩稿還是不斷郵寄過來。在此同時，T太太由於他的緣故丟了朋友又賠了生意，常陷入捉襟見肘的境地，於是向我借錢，我能借多少就借多少，以救她燃眉之急。

漸漸地我喜歡過去陪陪她，我不管宗教約束，依仗自己對她有舉足輕重的作用，企圖對她表示親密（又一個大錯誤）。她嚴正表示憤怒，而且把我輕挑的舉動告訴拉爾夫。這使我們之間出現裂痕，等他再次回到倫敦時，他告訴我，我的胡來讓我們彼此恩斷義絕，他什麼也不欠我了。

於是我發現永遠別指望拉爾夫歸還我借他的錢，或者替他墊付的款項。不過這也沒什麼大不了，因為他就算想還也還不起。少了這位朋友，我有種解脫的感覺。這時我開始想存錢，找好一點的工作，於是我離開帕默，跳槽到華茨[17]的印刷所。這個印刷所離林肯律師學院操場不遠，規模大一些，在這裡我一直做到離開倫敦。

我剛到這家印刷所，就開始做印刷，我覺得自己缺乏在美洲已習慣的鍛鍊，在那裡印刷和排字不分家。我只喝白開水，其他將近五十個工人都是愛喝啤酒的大酒量之人。有時候我一手拿一大盤鉛字上下樓梯，別人兩隻手搬一盤。看見我的情況和表現，他們很納悶，被他們稱作「美洲水貨」的我竟然比他們這些喝啤酒的人還要強壯。

有一個酒館夥計，常來印刷所為工人們供酒。我有一個印刷所同事，每天早餐前喝一品脫，早餐吃麵包、乳酪再喝一品脫；早餐和午餐之間再喝一品脫，吃午飯時又一品脫，下午六點再一品脫，下班後還要一品脫，我覺得這是令人深惡痛絕的習慣。但他認為要有幹勁，啤酒少不了。

我極力說服他，啤酒所提供的體力，只能視釀造啤酒時溶解在水裡的穀物或大麥粉而定，一便士麵包裡的麵粉比一夸脫啤酒裡的還多。所以如果吃這麼多麵包，再喝一品脫的水，給他的力量會勝過一夸脫的啤酒。然而，他還是照喝不誤，每星期六晚上，為了喝這迷魂湯，要從一週工資中拿出四、五個先令；這筆開銷我可免了。就這樣，那些可憐鬼總是把自己搾得乾乾的。

過幾個星期，華茨把我安排到排字間，迎新費是五先令的酒錢，這是排字工對我的要求。我認為這是敲竹槓，因為我在樓下已經繳過了。師傅也這麼認為，就說免了。我因此被認為是個異類，他們常惡作劇，我一走出排字間，他們就將鉛字弄亂，或者調換頁碼，或者破壞版面，諸如此類。而且硬說這是教堂[18]鬧鬼的緣故，不按規矩就會被鬼魂纏身。儘管有師傅庇護，我覺得還是交錢了事，因為我相信跟自己必須朝夕相處的人交惡是愚蠢透頂的。

後來我跟他們相處得不錯，而且很快取得一定的威望。我對他們的教堂規章提出合理的修改，承受反對聲浪，獲得通過。有我做榜樣，大部分工人放棄喝啤酒、吃麵包乳酪這種使人頭昏腦脹的早餐。他們跟著我吃鄰居家供應的熱騰騰稀飯，撒些胡椒和麵包塊，再加一點奶油，只花一品脫啤酒的錢，也就是一個半便士。這種早餐不僅便宜，吃起來舒服，還能使人頭腦清醒。

那些整天喝得醉醺醺的傢伙，常常因為在啤酒店無法賒帳拿酒，老是要我去弄啤酒，按照他們的說法，他們的風光不再了。星期六晚上我彙整替他們墊付的款項，有時一週得先付他們將近三十先令的欠帳。除此，加上我被認為是個不賴的刀子嘴，也就是愛開玩笑，挖苦人，這確立我在這裡的顯要地位。我一直保持全勤（我從不過聖星期一[19]），所以得到師傅的器重，再加上我排字速度很快，於是所有急件都由我做，這種案件價錢多一點。所以這段日子我過得十分愜意。

我原本住在小不列顛街，離印刷所太遠。所以我在公爵街天主堂[20]對面找了一個住處，在一間義大利貨倉後面，要爬兩段樓梯上去。房東是一位寡居的太太，她有個女兒和一名女僕，還僱了一個臨時工看管倉庫，不過他住在外面。她找人打聽我的為人後，才答應我住進來，租金照舊，每週三先令六便士。正如她所說，租金便宜是因為她希望有個男人住在家裡，可以提供一些保護。她是個寡婦，年事已高，原來是個新教徒，父親是牧師，但她丈夫使她改信天主教，她對亡夫一直念念不忘，總是滿懷敬仰之情。她曾經與名流親密往來，知道很多這些人的趣聞軼事，而且可以追溯到查理二世[21]的時代。因為她膝部患有痛風，是個跛子，幾乎足不出戶，有時需要人陪伴。跟她在一起我非常開心，所以每當她需要人陪，晚上我一定會陪她一段時間。我們的晚餐是各吃半條鯉魚，一條細奶油麵包，兩個人分享半品脫啤酒，主要樂趣是在與她的談話裡。我總是按時作息，很少添麻煩，這使她不願意我搬走。當我提到有個離工作地點更近的住處，且一週便宜兩先令，我很想省錢，想搬走，但她叫我別這樣做，她願意每週減兩先令。就這樣我以一先令六便士的租金在她那裡一直住到離開倫敦。

在她家閣樓上還住著一位七十歲的老處女，深居簡出，幾乎不與外界往來。房東太太告訴我：她是個羅馬天主教徒，年輕時被送到國外，住在一座修道院裡，一心想當修女，但她在那裡過不慣，因此又回到英國。但英國沒有修道院，於是她發誓在沒有修道院的環境中盡可能過一個修女的生活。她把所有財產捐給慈善事業，一年留十二英鎊當生活費，其中依舊用了很多來施捨助人，自己只靠喝稀粥度日，除了熬粥從不用火。她在閣樓住了好多年，樓下接二連三來的天主教房客都允許她免費住在那裡，因為他們認為她住在那裡是他們的福氣。每天都有一位神父來聽她懺悔。

我的房東說：「我問過她，她這樣的生活，怎麼可能會有這麼多事需要向神父懺悔呢？」

她說：「噢，俗念難免。」

有一次，我獲得允許上去探望她，她又高興又客氣，愉悅地與我談話。她的房間十分乾淨，沒有什麼家具，只有一塊墊子，一張上面擺著一個十字架和一本書的桌子，還有一張她拿給我坐的凳子。壁爐上方是一幅畫，畫的是聖維羅妮卡展現著一塊手帕，上面有基督神奇的血面肖像[22]，她非常嚴肅認真地為我說明。她面色蒼白，但從不生病。我將她作為例證說明，維持一個人的生命和健康需要的收入微乎其微。

在華茨印刷所，我結識一個姓威蓋特的聰明青年，他的親人很有錢，所以比大多數印刷工受的教育都好。他精通拉丁文，會說法語，酷愛讀書。我教他和他的一個朋友游泳，下過兩次水，他們很快就成了游泳高手。他們把我介紹給幾位從水路到切爾西來參觀學院[23]和堂薩爾特羅古董[24]的鄉紳。回程時，威蓋特一時興起，要求我展示游泳的本領，我脫掉衣服跳進河裡，從切爾西游到黑修士橋[25]，還表演各式水上和水面下的特技，他們大開眼界，驚喜無比。

我從小喜歡游泳，研究練習泰弗諾所有的動作和姿勢[26]，再加上自己的獨創，達成不僅實用而且優美、輕鬆的目的。我利用這次機會把這些動作統統表演一番，他們讚不絕口，我也樂不可支。威蓋特一直想成為一名游泳高手，再加上我們學習的東西非常接近，所以他跟我愈來愈親近。最後他提議一起周遊歐洲，沿途工作，貼補一路的開銷，我也曾經有過這種念頭。我有空時常拜訪好朋友德納姆先生，我向他提起這件事，他勸我不要去，要我考慮回賓夕法尼亞，因為他正準備要回去。

我必須記下這位好人的人格特點。他原本在布里斯托爾做生意，但生意失敗，欠下一屁股債，償還一部分後去了美洲。在那裡他苦心經營，沒過幾年就累積了財富。回到英國後，他請債主們吃飯，在飯桌上他感謝大家給予他寬限，當時大家以為他只是請客吃飯，誰知道第一道菜撤走時，大家發現盤子底下壓著一張銀行支票，將欠債加利息全額付清。

這時候他告訴我他準備回費城，要把大量貨物運過去開間商店。他提議我做他的辦事員，管理帳簿（他會教我具體的做法），抄寫信函，照料店面。他還說一旦我熟悉了商務，他會提拔我，派我把一船麵粉、麵包等貨物押運到西印度，我可以從別人那裡取得佣金；如果我經營有方，會使我站穩腳步。這事使我喜出望外，因為我已經在倫敦待煩了，每當想起在賓夕法尼亞過的幾個月快樂時光，就非常懷念，於是我立刻同意。他答應一年給我五十鎊賓夕法尼亞幣；比我當排字工的收入少，但前景更為光明。

這時候我以為永遠告別印刷業，便天天忙我的新業務；跟著德納姆先生周旋在生意人之間，購置形形色色的貨物，監督包裝，叫工人發貨等等，等一切上船之後，我才有幾天閒暇。

有一天，使我感到驚訝的是，一位我只知道名字的名人，威廉·溫德姆爵士[27]派人來找我。我便去拜訪他，他不知道從什麼管道聽說我從切爾西游到黑修士橋，還聽說我幾個小時就教會威蓋特和另外一個年輕人游泳。他有兩個兒子正準備出門旅行，他希望他們能先學會游泳，如果我願意教他們，他會重金酬謝。但因為他們還沒到倫敦，而我離開的日期又尚未確定，所以無法答應。不過這件事讓我想到，如果我留在英國開辦游泳學校，說不定可以大賺一筆。這件事使我感慨萬分，要是這建議早點提出，我不會這麼快回美洲。多年以後，你和我與威廉．溫德姆爵士其中一個兒子有更重要的事，那時候這位爵士已經晉升為埃格勒蒙特伯爵，這事我到適當的地方還要提及[28]。

就這樣我在倫敦度過大約十八個月的時光。我大部分時間都認真工作，除了看戲、買書，自己開銷不大。我的朋友拉爾夫把我掏窮了，他欠我大約二十七英鎊，絕對不可能要回來了；這筆錢對我微薄的收入非同小可。儘管如此，我還是愛他，因為他有很多可愛的特質。雖然我沒有增加自己的財富，卻結識了一些非常聰明的朋友，他們讓我受益匪淺，而且我也讀了不少書。

注解

【1】約翰．巴斯基特（？至一七四二）。

【2】威廉．里德爾斯登（死於一七三三年前），騙子，被馬里蘭總督府描述為「一個舉世無雙、惡名昭彰的人物」。

【3】指賓家族的成員，他們是賓夕法尼亞的領主，這塊領地的法定擁有者。「賓夕法尼亞」的意思是「賓的林地」，最早由威廉．賓創建。

【4】西班牙金幣，一皮斯托爾相當於十八先令。

【5】羅伯特．威爾克斯（一六五五至一七三二）愛爾蘭演員，一七〇九至一七三〇年稱霸倫敦戲劇界。

【6】聖保羅大教堂附近的一條街，倫敦印刷業的中心。

【7】這裡指法律事務中心，倫敦四所律師學院中的內殿律師學院和中殿律師學院。

【8】離小不列顛街不遠的一個小廣場，印刷業中心。

【9】其實是《自然宗教概述》（一七二二）第四版（一七二六）。一部關於理性道德的論著。威廉．沃拉斯頓，英國聖公會牧師兼學校校長。

【10】這本小冊子（一七二五）否認善與惡的存在，使富蘭克林被人指控為無神論者。後來他自己保存的只留下一本，其餘都燒了。現在知道僅有四本存世。

【11】威廉．萊昂斯，外科醫生，他的著作《人類判斷的正確、尊貴與優秀》出版於一七一九年。

【12】伯納德．曼德維爾（約一六七〇至一七三三），荷蘭醫生和作家，居住在倫敦。他的打油詩初版於一七〇五年，書名為《咕咕噥噥的蜂房，或變誠實的惡棍》，一七一四年再版，改名為《蜜蜂的寓言，或私惡公益》。道德家抨擊該書玩世不恭，但讀者面很廣，一版再版。

【13】巴特森咖啡屋在玉米山大街，離倫敦皇家交易所不遠，是醫生們聚會的地方。

【14】亨利．彭伯頓（一六九四至一七七一）牛頓的朋友，皇家協會的會員。

【15】也許指位於聖巴托羅繆教堂附近的一些建築。

【16】也許是愛德華．楊（一六八三至一七六五）的《熱愛聲名，人之常情》（一七二五至一七二八）中的「諷刺詩四」。

【17】約翰．華茨（約一六七八至一七六三）。

【18】「印刷所總被工人們稱為教堂。」富蘭克林注。

【19】聖星期一，愛爾蘭製鞋工人因星期天飲樂過度，星期一工作無精打采，猶如又一個星期天，於是相沿為製鞋工人的假日。

【20】羅馬天主教的聖安塞姆和聖塞西莉亞教堂。

【21】查理二世（一六三〇至一六八五），英國斯圖亞特王朝國王（一六六〇至一六六八），其親法、親天主教政策遭到議會和臣民的反對。

【22】按照中世紀晚期傳說，耶穌背著十字架去就義時，耶路撒冷的一個婦人把她的頭巾遞給耶穌。耶穌擦了擦臉，把頭巾還給婦人，這時她發現救世主的臉逼真地印在上面，被人稱為維拉艾康（Vera Icon），意思是逼真的肖像。該婦人後來成了聖維羅妮卡。頭巾現存羅馬聖彼得大教堂。

【23】也許就是切爾西醫院，是一六八二年在原先的切爾西學院舊址上建立起來的。

【24】詹姆斯．薩爾特（堂薩爾特羅是《閒話報》給他取的綽號）是漢斯．斯隆爵士從前的一名理髮師，他後來在切爾西開了一家咖啡屋和博物館，陳列著一些真偽難辨的古董，其中有征服者威廉的寶劍和約伯撕裂的外袍。

【25】約三英里半的距離。

【26】指法國人梅基塞代克．德．泰弗諾的《游泳的藝術》（一六九九）。

【27】威廉．溫德姆爵士（一六八七至一七四〇），英國財政大臣，議會中的托利黨領袖。

【28】富蘭克林再沒有提起過查理斯．溫德姆。

第四章

一七二六年七月二十三日我們從格雷夫森德揚帆起航。要知道旅途中發生的事情，你可以查閱我的日記，你會發現詳盡的敍述。那本日記中最重要的部分就是可以找到規範我生活行為的計畫[1]，那是我在航海的過程中制訂的。更值得一提的是，計畫雖然是我很年輕的時候制訂，但直到老年我一直都忠實地實施著。

我們於十月十一日在費城上岸，那裡變化很大。基斯不再是總督，繼任者是戈登少校[2]。我看見基斯在街上散步，完全是一介平民。看見我他似乎很難為情，我們擦肩而過他卻什麼也沒說。

我見到里德小姐時，感到非常的慚愧。因為里德小姐接到我的信之後，她的朋友對我不知何時回來感到絕望，於是勸她另嫁他人。就這樣在我去英國期間，她和一位姓羅傑斯的陶工結婚。和他在一起，她從來沒有快樂過，她拒絕跟丈夫同居，也不用他的姓氏，很快便離開他了，據說他另外有個老婆。羅傑斯人品很差，但手藝很好，所以博得她親友的青睞。他欠了一屁股債，在一七二七年或者一七二八年逃去西印度，後來死在那裡。

凱默有間好一點的房子，開了一間商店經銷文具，種類繁多，僱了幾個人手，生意似乎不錯。

德納姆先生在清水街開店，我兢兢業業學做生意，學習記帳，沒多久就成了行銷高手。我們一起生活，他打從心底關心我，像父親般諄諄教誨，我對他也十分敬愛。我們本來可以非常快樂地一起奮鬥，但在一七二六或一七二七年的二月初，我剛過二十一歲時，我們都生病了。我患的是胸膜炎，差點要了我的命。我疼痛難耐，根本不想活了，後來發現自己開始康復時，反而有些失望，有些遺憾，因為康復後又得繼續無趣的營生。我忘了德納姆先生生什麼病，他躺在病榻很久，最後還是過世了。他在口頭遺囑裡留下一筆小小遺產給我，表示對我的關愛，但他又把我扔進這茫茫的世界。商店由他的遺囑執行人接管，我在他手下的工作就此結束。

我姐夫霍姆斯這時正在費城，勸我重操舊業。凱默也以高薪邀我去經管他的印刷所，好讓他可以專心打理文具店。我在倫敦時，曾聽凱默的妻子和她的朋友說他人品不好，所以不想再跟他有任何牽扯。我試圖再找商行辦事員的工作，但一時找不到，只好再跟凱默訂約。

在凱默的印刷所裡，有這麼幾個人：修．梅瑞狄思[3]，威爾士裔賓夕法尼亞人，三十歲，從小做鄉村工作，為人誠實、精明，閱歷豐富，還喜歡讀些書，但嗜酒如命。史帝芬．波茨[4]，一個成年的鄉下青年，從小也做鄉村工作，相貌不凡，極其機智幽默，但有點吊兒郎當。凱默和他們談定的每週工資極低，等業務上軌道，應當加薪時，每三個月增加一先令，凱默的誘餌就是他們對往後高薪的期盼。具體分工是梅瑞狄思印刷，波茨裝訂，按約定凱默必須教他們，但他自己都不會。約翰，一個粗野的愛爾蘭人，什麼都沒學過，凱默幫他付旅費給一艘船的船長，他得替凱默工作四年，他被指定當印刷工。喬治．韋布[5]，一名牛津學生，凱默用同樣的辦法換得他四年工期，打算讓他當排字工（此人很快會再提到）。還有大衛・哈利[6]，一個鄉下孩子，凱默收他為學徒。

凱默用不曾有過的高薪聘用我，原因很簡單，因為他希望我訓練這些便宜的生手，一旦我把他們調教好，他們有約在先只能替他工作，到時就算沒有我，印刷所也能運作下去。不過，我還是高興地工作，把本來一團亂的印刷所管理得井然有序，使每個人對負責的業務上手，且愈做愈好。

一名牛津大學的學生淪落至此，真是件奇怪的事。喬治・韋布差不多十八歲，他告訴我他的身世：他是格洛斯特人，上過當地的文法學校，演戲時他能將角色演得淋漓盡致；他是當地才子俱樂部的成員，寫過幾篇散文和短詩，發表在格洛斯特的報紙上，因此進了牛津大學。他讀了一年，但並不十分滿意，反而想到倫敦見世面，當演員。當他獲得十五幾尼[7]的季獎學金時，沒有用來還債，反而把校袍往荊豆叢中一藏，離開牛津鎮前往倫敦。在那裡他舉目無親，落入壞人圈套，很快就把錢花光；又發現要當演員沒有靠關係根本不行，變得窮困潦倒，只好當掉衣服買麵包。正當饑腸轆轆躊躇街頭，不知如何是好時，一張招工廣告塞進他的手裡，寫著願意簽約到美洲工作者，立即包吃包喝包路費。他馬上簽了契約，隨即被安排上船，他從來沒有寫信告訴朋友他的近況。他活潑、機智、性情好、和藹可親，但閒散粗心，為人做事十分輕率。

沒過多久，那個愛爾蘭人約翰就偷跑了。我跟剩下的幾個人相處和睦，大家都很尊敬我。當他們發現凱默沒有能力教他們，但從我這裡能學到東西時，對我更是崇敬有加。我們星期六從來都不工作，因為那是凱默的安息日，於是我有兩天的讀書時間；我也結識愈來愈多鎮上聰明能幹的人。凱默對我也是一副禮賢下士的樣子，非常關心我，我可以說是如魚得水。但是弗農的那筆欠款仍使我耿耿於懷，這時的我仍無力償還，是因為我不善理財，幸好他從沒討過。

印刷所常常缺鉛字，美洲又沒有鉛字鑄造廠。我們在倫敦時曾在詹姆斯[8]的工廠裡見過鑄造鉛字，但對實際做法沒有太留心。這時我想設法做一個鑄模，利用現有的鉛字作為打印器，在鉛裡壓出鑄字模，這辦法差強人意，但多少彌補種種缺欠。我有時刻點東西，也製造油墨。我是倉管，樣樣都管，總而言之，就是雜役。

然而，不管我功用多大，別人技術一天天增強，我的重要性也一天天減弱。凱默發第二季薪水時告訴我，他覺得我薪水太高，應當減薪。漸漸地他對我不再那麼有禮貌，老闆的派頭愈來愈大，吹毛求疵、百般刁難，一副隨時準備翻臉的架勢。我一直忍耐，心想他負債累累，變成這樣情有可原。

後來一件小事徹底破壞我們的關係。有一天法院附近喧聲吵雜，我從窗戶探出頭想看個究竟。恰巧這時凱默在街上抬頭看見我，便聲色俱厲地呵斥，嘴裡不斷責罵，要我少管閒事。當眾責備讓我很惱怒，街坊鄰居都目睹我受辱。凱默跑進印刷所，我們繼續爭吵，雙方都出言不遜，他要我下季做完就走，這是原本就講好的期限，他後悔當初不該把約期定這麼久。我告訴他不必後悔，我馬上走，說完就拿著帽子出去。在樓下我看見梅瑞狄思，請他先看管我的東西，之後再送到我的住處。

梅瑞狄思晚上如約過來，商量關於我的事情。他對我極為敬重，我離開印刷所他也不願意繼續待在那裡。我開始有回老家的想法，他勸我打消念頭。他提醒我凱默已經到資不抵債的地步，債主們惶惶不安，他的文具店經營不善，常常便宜銷售求現，也沒有記帳，他一定會破產。如此，我就可以乘虛而入，但問題是我缺錢。他說，他父親[9]對我評價極高，他們曾討論過，聽他父親的口氣，可以斷定如果我跟他合夥，他父親會資助我們。

梅瑞狄思說：「我跟凱默的合約春天到期。屆時我們從倫敦購入印刷機和鉛字，我知道自己不是當工匠的料。如果你同意，你出技術，我出資本，所得利潤五五對分。」

這個建議我欣然同意，他在城裡的父親也表示贊成。他知道我對他兒子有很大的影響，曾說服他戒酒，因此冀望我們關係可以更密切，使梅瑞狄思完全戒除惡習，於是更加支持。我開了一張清單給梅瑞狄思的父親，他轉交給一個商人購買設備。在設備到之前必須嚴守祕密，在此期間我想在別的印刷所找工作，但卻找不到缺。這時凱默有機會印刷新澤西的鈔票，需要雕版和各式鉛字，這些只有我才能製作。他擔心布雷德福聘用我，把這筆生意搶走，於是他寫了一封措辭非常禮貌的信給我，說老朋友不應因為幾句脫口而出的氣話就鬧得不歡而散，希望我能回去。梅瑞狄思勸我回去，如此一來他才有機會在我的指導之下提高技藝。於是我回去凱默的印刷所，我們的關係改善許多。新澤西的生意拿到手，為此我設計了一台銅板印刷機，這在美洲從未見過。為了印鈔票我刻了一些裝飾花紋和格子圖案；我們去了一趟柏林頓[10]，在那裡我獨當一面處理所有的事情，人人滿意，凱默從中大賺一筆，讓他可以稍微喘息。

在柏林頓，我結識新澤西的許多要人。有幾位是議會委任主管印刷事業專員，他們也監管鈔票印製，把數量控制在法律許可的範圍之內；因此他們輪流來印刷所監管，來的時候會帶一、兩個朋友作陪。由於勤於閱讀，我的思考想法比凱默豐富許多，因此我的意見似乎更受重視。他們邀請我到家裡作客，介紹我給他們的朋友認識，給我禮遇；儘管凱默是老闆，卻遭到冷落。事實上凱默性情古怪，不懂得應對進退，喜歡為反對而反對，不修邊幅，衣著髒得一塌糊塗，在宗教上是個狂熱份子，還有點無賴。

我們在那待了將近三個月，下列幾位是我新交的朋友：艾倫法官、殖民地政府祕書撒母耳・巴斯帝爾、議員以撒・皮爾遜、約瑟夫・庫柏，幾位姓史密斯的先生，還有測量主任以撒・德科。以撒・德科是精明睿智的老者，他年輕的時候當小工，用小車幫砌磚工推泥巴，成年以後才學會寫字；後來幫測量員拿測鍊，他們教他測量。他勤勞奮鬥，累積不少財產。他說：「我看得出來，你很快會取代此人在這行業的地位，在費城創造財富。」當時他對我在費城或任何地方創業的意圖一無所知。後來這些朋友對我幫助極大，我也為他們效勞，他們終生都非常尊重我。

我在事業上嶄露頭角前，先讓你知道我當時在自己的原則和道德方面的心態，如此你可以看出這些東西對我的未來產生深遠的影響。我的父母很早就給我留下宗教印象，帶著我在一條不順從英國國教的道路上虔誠地度過童年時代。然而，還不到十五歲，我對好幾種觀點逐一產生懷疑，因為我發現這些觀點在我讀過的書籍中遭到批判，隨後我開始對啟示論本身產生懷疑。我接觸一些反對自然神論的書籍，據説是波義耳演講[三]上布道文的精髓。這些書對我造成的影響恰恰與它們的本意背道而馳；因為書中引用並予以批判的自然神論者論據在我看來比那些批判有力得多。總而言之，我很快變成一個徹底的自然神論者。我的論點把一些人引入歧途，尤其是柯林斯和拉爾夫，他們後來都深深傷了我，卻沒有絲毫的愧疚。回想基斯對我的所作所為（他又是一個自由思想家）和我自己對弗農與里德小姐的表現，有時給我極大苦惱，我開始懷疑教義雖是真理，但並不是十分有用。我在倫敦寫的小冊子引用了德萊頓的幾行詩作：

但凡存在的都是正確的。
儘管半盲之人只看見部分鏈條，即最近的一環，
但他的雙眼看不到上面那衡量一切的平等的秤桿[12]。

從上帝的屬性，即無限的智慧、仁慈、權力中得出結論，世界上沒有任何東西是錯的。惡與善沒有分別，因為根本不存在。這不像當初我想的是一篇獨具慧眼的佳作；我懷疑某種謬誤不知不覺地潛入我的論點，以至於影響後來的所有論點，這在形上學推論中屢見不鮮。

我逐漸相信人際關係中的真實、誠信、正直對於人生的幸福攸關重要，我寫了決意書（這些仍保留在我的日記本裡），在有生之年時時躬行實踐。誠然，聖經啟示錄對我而言並不重要，我抱持一種觀念：有些行為不是啟示錄禁止就是壞的，或者啟示錄提倡就是好的。但是如果將事物的性質，各種情況都考慮進去，這一點倒很有可能：這些行為之所以被禁止，是因為對我們有害；或者之所以被提倡，是因為對我們有益。多虧上帝或守護天使的庇佑，或者碰巧形勢有利，或者兼而有之，使我度過危險的青年時代，讓我在遠離父親關照，陷入舉目無親的險境時，沒有因為缺乏宗教

信仰，而鑄成任何任性、不道德或不正義的大錯。

我說任性，是因為我提到的事例和我的少不更事以及別人的狡詐無賴，具有某種必然性。當我步入社會時，我的品格算差強人意，我認為這很重要，且堅決保持到底。

回到費城沒多久，新鉛字就從倫敦運到。我們和凱默達成和解，沒等他聽到消息就得到他的同意離開。我們在市場附近找到一間出租房，為了減少租金（一年二十四英鎊，後來才知道曾經租過七十鎊），我們找玻璃安裝工戈弗雷一家合租，他們交租金給我們，我們在他們家搭伙。

我們剛把鉛字打開，印刷機安裝到位，我的朋友喬治·豪斯帶一個鄉下人來找我們；他在大街上遇見他，到處打聽想找印刷所。我們的現金都花在非買不可的各種器具上，這位鄉下人的五先令成了我們第一筆收入，真可謂是及時雨，帶給我們的快樂勝過之後賺的任何一克朗[13]。由於我對豪斯滿懷感激之情，使我更加樂意幫助剛開始起步的年輕人。

每個地方都有烏鴉嘴，總是預言毀滅近在眼前。費城就有這麼一位，他是個名人，一位老者，一副聰明相，說話煞有介事，他叫撒母耳·米克爾。他與我素昧平生，有天把我攔在門口，問我是否就是開印刷所的年輕人，我說是的。他說真替我惋惜，因為這是耗資巨大的行業，錢很有可能有去無回，因為費城正在走下坡，一半的居民破產，或者瀕臨破產。儘管表面現象恰恰相反，新房聳立，房租飆升，但他認為這都是虛假繁榮，因為這些都是毀滅我們的因素。接著他鉅細靡遺講了一些災難，有的正在發生，有的即將出現。他離開之後，我心情掉到谷底。如果開業之前就認識他，也許我就不會做這種傻事。這個人還是繼續在這一天天爛下去的地方生活；繼續彈著同一個老調，這麼多年就是不買房子，認為一切終將會毀於一旦。終於，有一天我有幸看到他買房子，花的錢是他開始這些牢騷時的五倍。

注解

【1】富林克林的計畫現存的是它的「大綱」和「序言」。
【2】派翠克．戈登（一六四四至一七三六），一七二六至一七三六年任賓夕法尼亞總督。
【3】修．梅瑞狄思（約一六九六至約一七四九）後來成為富蘭克林的生意合夥人。
【4】史帝芬．波茨（？至一七五八）後來成為書商和酒店老闆。
【5】喬治．韋布（一七〇八至一七三六），後來成為富蘭克林共圖社俱樂部成員，並當了印刷商。
【6】大衛．哈利（一七〇八至一七六〇），威爾士人，貴格會教徒，後來是巴巴多斯的第一位印刷商。
【7】一種金幣，值一英鎊一先令。
【8】湯瑪斯．詹姆斯的鉛字鑄造廠是倫敦規模最大的。
【9】西蒙．梅瑞狄思（？至一七四五），修．梅瑞狄思的父親，富蘭克林共圖社俱樂部的最早成員之一。
【10】在新澤西。
【11】英國物理學家、化學家羅伯特．波義耳（一六二七至一六九一）舉辦的年度講座。一年宣講八篇反對「懷疑論」的布道文。自然神論認可上帝是無限存在的創造者，但否認啟示和超自然神學的基督教義。「啟示論」認為基督教教義皆來自上帝的啟示。諸如上帝三位一體、基督道成肉身和救贖世人等均屬啟示神學範圍。

【12】第一行不是約翰·德萊頓（一六三一至一七〇〇）的詩，而是出自蒲柏的《人論》（一七三三）書信第二九四行。不過德萊頓的一句詩很接近：「但凡存在的都有它正確的道理。」其餘幾行引自德萊頓與納旦尼爾·李合寫的詩劇《俄狄浦斯》第三幕第一場第二四四至二四八行。

【13】五先令硬幣。

第五章

下面這件事情我早該提到，那就是前一年秋天，我把大多數聰明能幹的朋友組成一個俱樂部，以便相互砥礪，稱作「共圖社」[1]；每星期五晚上聚會。我起草的章程要求每個社員輪流提出一個或多個關於道德、政治或自然科學的問題，供大家討論；每三個月提交一篇自己寫的論文當眾宣讀，題目自訂。辯論由社長主持，要以誠懇追求真理的精神進行，切忌爭強好勝的現象發生；為了防止過激情緒，禁止表達主觀武斷的見解或針鋒相對的駁斥言辭，違者處以小額罰金。

第一批社員有約瑟夫·布賴恩特納爾[2]，契約起草人的抄寫員，一個性情溫和、為人友善的中年男子，酷愛詩歌，見詩就要朗誦一番，自己也寫一點還算可以的詩；在製作手工藝品方面很有天分，談吐很有見地。

湯瑪斯·戈弗雷[3]，一位自學成才的數學家，在自己的專業領域很了不起，後來又發明了哈德利象限儀的儀器。但本行以外的知識十分欠缺，跟人不大合得來，像大多數的數學家一樣，要求把每一件事情說得異常精準，對於雞毛蒜皮的小問題不是永遠否定，就是剖毫析芒，干擾大家的對談，他很快就離開了。

尼古拉斯·斯卡爾[4]，土地測量員，後來當了測量主任，他愛讀書，有時候還寫幾句詩。

威廉·帕森斯[5]，本來是個鞋匠，但熱愛讀書，數學底子相當深厚，起初他學數學是為了了解占星術，但後來對其嗤之以鼻。他之後也當上測量主任。

威廉·毛格里奇[6]，一名細木工，也是技藝精良的機械師，腳踏實地，通情達理。

修·梅瑞狄思、史帝芬·波茨和喬治·韋布，我已經在前面說了大概。

羅伯特·格雷斯[7]，一位家財萬貫的年輕紳士，為人大方，舉止活潑，談吐風趣，說話常一語雙關，深得朋友喜歡。

威廉·科爾曼[8]，一家商號的店員，年紀和我相仿，幾乎是我見過頭腦最冷靜清楚、心地最善良、品行最端正的人。他後來成了一位大名鼎鼎的商人，也是我們那個地區的法官之一；我們的友誼延續了四十餘年未曾中斷，直到他去世。俱樂部延續的時間差不多也這麼長，而且是本地區當時最好的科學、道德、政治學校。因為我們的問題總是先宣讀，後討論，中間相隔一個禮拜，這逼著我們圍繞不同的題目聚精會神地讀書，方能在發言時切中要理；由此我們也養成更好的交談習慣，發言前都會斟酌語句以免彼此變得互相討厭。正因為如此，我們的俱樂部才得以長治久安，關於俱樂部的情況，以後還有不少機會做進一步說明。

我之所以做這麼一段敍述，是為了描述有些事跟我有利害關係，每個人都賣力為我們招攬生意。尤其是布賴恩特納爾為我們從貴格會教徒那接到四十印張的會史印刷業務，剩下的則由凱默承印，這個工作我們做得很辛苦，這是一本大頁面對開書，正文用十二點[9]鉛字印，注釋用十點鉛字印。我一天排一大張，梅瑞狄思再趕印出來。等我把版拆開，將鉛字在字盤裡歸位等第二天用時，已經是夜裡十一點了。有時候還要更晚，因為別的朋友偶爾還會送來一些零活，我們只好往後拖，但我下定決心每天排印一張對開紙。結果有天夜裡，我已經鎖定印版，以為一天的工作都結束的時候，不小心把一個印版碰壞，有兩頁鉛字亂得一塌糊塗，我馬上拆版重排，排好才上床睡覺。鄰居們對我們的勤奮都有目共睹，我們開始贏得聲望和信譽；聽說商界的夜間俱樂部有人提起新開張的印刷所，普遍看法是必死無疑，因為已經有凱默和布雷福德兩家印刷所；然而貝爾德博士（多年以後你和我在蘇格蘭他的故鄉聖安德魯斯見過）力排眾議。

他說：「富蘭克林的勤奮是他的同行望塵莫及的。我離開俱樂部回家時，他還在幹活；他的鄰居還沒有起床，他又在工作了。」

這番話打動了大家，不久就有人提出願意提供文具由我們負責代銷，不過當時我們還不想做商鋪零售生意。

我之所以這樣毫無顧忌地強調自己的勤奮，儘管有自吹自擂之嫌，目的無非是想讓讀此書的子孫後代們知道，勤奮在我身上所產生的有利效果，並了解這種美德的用處。

喬治·韋布交了個女朋友，她借給他一筆錢買斷凱默定的工期，然後主動跑到我們這裡來打工。當時我沒辦法僱用他，但我做了件傻事，把一個祕密透露給他，說不久我想辦一份報紙，到時他就有工作。我說我之所以有希望成功，是因為當時唯一的報紙[10]認為一份好報紙不大會缺乏支持。我要求韋布別提此事，但他卻告訴凱默，凱默聞風而動，搶先公布他的辦報計畫，並僱用韋布籌辦。

對此我怒不可遏，便發動反擊，雖然報紙一時辦不起來，卻為布雷福德的報紙寫了好幾篇逗趣文章，題目叫《是非婆》，布賴恩特納爾續寫了幾個月[11]。這麼一來，大眾的注意力都集中到這家報紙，凱默的計畫被我們輪番諷刺挖苦，便乏人問津。不過他的報紙還是照辦，苦苦支撐三季，最多才九十家訂戶，最後只好賤價賣給我，我早已準備多時，所以立即接手，事實證明辦報紙在以後幾年使我大發其財[12]。

我發現我有用單數第一人稱說話的傾向，儘管我們仍然在合夥經營。原因也許在於生意的通盤管理都由我經手。梅瑞狄思不會排字，印刷也差勁，又經常喝得昏昏沉沉。我的朋友對我跟他合作深感惋惜，不過我還是充分利用了這層關係。

我們的報紙一出刊就與其他報紙面貌迥異，字型優美，印刷精良，當時伯內特總督[13]正與麻塞諸塞議會之間爭論不休，我對這場爭論的激烈評論觸動了一些要人。他們便對報紙議論紛紛，沒過幾個星期，這些人都成了我們的訂戶。

於是很多人競相效仿，訂戶的數目便蒸蒸日上。我學了點舞文弄墨的小本事，這時初見成效。另一方面，那些有頭有臉的人物看見報紙抓在一個會搖筆桿的人手裡，認為給他一點甜頭鼓勵，不失為一種萬全之計。布雷福德仍然在承印選票、法規和其他官方文件。他印的議會[14]給總督的決議，粗製濫造，錯誤百出；我們重印的優雅美觀，準確無誤，議員人手一份。他們當然知道孰優孰劣，這增強了我們在議會中的地位，議會經過投票，決定用我們當來年議會文件的承印商。

在議會的朋友中，我絕對忘不掉的一位是前面提到過的漢密爾頓先生[15]，這時他已從英國回來當議員。他在這件事上幫了我大忙[16]，後來在別的事情上依然鼎力相助，他對我的幫助一直持續到他去世。

弗農先生向我提債款的事，但他沒有催著我還。我寫了一封措辭巧妙的感謝信給他，懇請他寬限一段時間，他答應了，後來我一有能力，立即還清本息，並且千恩萬謝了一番。在某種程度上這個錯誤算是得到了修正。

這時候，我遇上另一個難關，這是我萬萬沒預料到的。按照之前給我的期望，梅瑞狄思先生的父親應該要支付印刷所的費用，但他只能預支一百英鎊現金。付完這筆錢後，我們還欠供應商一百英鎊；結果對方等不及，告上法庭。我們雖繳了保釋金，但如果債款不能如期籌齊，這場訴訟就會很快被判刑[17]，這樣，我們的如意算盤就完全落空，鉛字必將變賣還債，說不定只能賣個半價。

就在我走投無路的時候，兩位真正的朋友分別找上我，他們對另一人的來訪互相不知情。我沒有提出請求，他們卻主動提出如果可行，將墊付我獨立創辦一切業務所需的全部款項。但他們不喜歡我與梅瑞狄思繼續合夥，因為他們說常常看見此人喝得醉醺醺在大街上遊走，還在酒館裡玩下流遊戲，十分丟臉。他們的大恩大德我永生不忘，這兩位朋友是威廉·科爾曼和羅伯特·格雷斯[18]。我告訴他們，只要梅瑞狄思父子還有履行協定中他們應承擔的部分義務，我就不能提出拆夥。因為我欠他們人情，他們為我做了不少，如有能力還會做下去。但要是他們最終不能履行自己的義務，合作必須終止的話，我就認為自己可以接受朋友的幫助。

這事就如此擱置一段時間。後來我對我的搭檔說：「也許你父親對你在我們的事務中擔當的角色不太滿意，所以他不願意為你我墊付，他只願意為你一個人墊付錢款；如果是這樣，就請直說，我願意把全盤生意交給你做，我經營自己的生意。」

他說：「不是的，我父親是很失望，但確實愛莫能助，我也不願意再讓他苦惱，我了解這生意不能再做下去。我自小務農，三十歲卻跑到城裡來當學徒，學一門新手藝，真是愚蠢到家。很多威爾士人要去北卡羅來納定居，因為那裡土地便宜。我想跟他們一起去，做自己的老本行。你也可以找朋友來幫助你，如果你願意承擔公司的債務，把我父親墊付的一百英鎊歸還，再替我還一些個人的小額債款，然後給我三十英鎊和一副新馬鞍，我就放棄合夥，所有生意由你一手打理。」

我同意他的建議，立即擬了書面協議並簽字蓋章。我給了他要的，不久以後他就到北卡羅來納；翌年，他寄給我兩封長信，對那兒的地域、氣候、土壤、農事等做了有史以來最精采的描述，在這些事情上他很有見地，我把兩封來信登在報紙上[19]，使讀者大開眼界。

他一走，我就去找我那兩位朋友；我不想造成一種厚此薄彼的不良印象，我從每個人那裡只拿我所需的一半，還清公司的債務，以我的名義繼續經營生意，並刊登廣告宣布合作終止。我想這是一七二九年或是這一年前後的事情[20]。

大約就在這時，民眾中掀起一股呼聲，要求發行更多的紙幣，因為這個地區現存只有一萬五千英鎊紙幣，而且這些紙幣很快就會被銷毀[21]。富人反對增加紙幣，因為擔心紙幣會貶值，就像新英格蘭發生過的那樣，損害所有債權人的利益。

我們在共圖社討論這個問題時，我贊成增加，因為我認為一七二三年首次發行的小量紙幣，增加本地區商貿、就業和居民數量，產生很好的效果；那時所有的老房子都有人居住，新房子正在修建。我記憶猶新的是，當我第一次在費城街道上嘴裡吃著麵包散步的時候，我看見在第二大街和第四大街之間的胡桃街上的房子，大部分都貼著出租告示；板栗街和其他街道上的房子情況也大同小異；這種現象使我認為這座城市的居民正接二連三地棄城而去。

我們的辯論使我對這個問題有全面的掌握，於是我撰寫並印行一本匿名的小冊子，書名為《紙幣的性質和必要》[22]，受到平民百姓的普遍好評，卻引起富人的反感。因為它增強要求增印紙幣的聲浪，富人又找不到能回擊我文章的寫手，於是他們的反對氣勢逐漸減弱，增發的觀點便得到議會中多數議員的認同。我在議會裡的朋友認為我有貢獻，應當給予獎勵，於是讓我承印紙幣，這是一筆能賺錢的生意，幫了我一個大忙[23]。這是我的寫作能力所獲得的另一項優勢。

隨著時間的推移和人們的親身體驗，紙幣的用處變得顯而易見，此後再沒有出現爭議，於是很快就增加到五萬五千英鎊，一七三九年增加至八萬英鎊，此後又節節攀升，在戰爭期間，達到三十五萬多英鎊。與此同時，商貿、建築和居民都在與日俱增。不過我現在認為還是要有個限度，超過限度濫發就有害無益了。

不久以後，透過朋友漢密爾頓，我獲得承印紐卡斯爾紙幣的生意[24]。當時的我認為這是另一筆利潤不菲的業務——眼界小的人，小事也能看成大事。這兩筆生意對我確實有很大的好處，也給我很大的鼓勵。漢密爾頓也讓我承印該地政府的法律文件和選票，這項業務只要我不改行，就一直由我包攬。

這時，我又開了一間文具店[25]。我在店裡經銷各色各樣的格式紙，都是最正規的，由我的朋友布賴恩特納爾協助印製；我還賣一般紙張、羊皮紙、廉價筆記本等等。

我在倫敦認識的一個叫懷特馬什[26]的排字工也來到我這裡，他是個高級工，做事非常勤快，我還收了一名學徒，是阿奎拉·羅斯的兒子。

這時候我開始一筆一筆清還我的債。為了確保我身為生意人的信譽和人格，我處處留心，不僅腳踏實地，勤奮節儉，在日常生活上也避免有相反的表現。我衣著樸素，從不到娛樂場所鬼混，也不出去釣魚打獵。看書有時候會耽誤正事，不過這種情況非常罕見，也沒有引起流言蜚語。為了證明我不是什麼事都不管，有時候我把從商店買來的紙張用手推車推過大街小巷送到家中。這樣一來，人們認為我是個非常勤奮的青年，買東西按時付款，進口文具的商人拉我做他們的客戶，別的商人提議供書給我代銷，我的事業一帆風順。此時，凱默的信譽和生意卻日漸萎靡，最後迫不得已，只好賣掉印刷所還債。他去了巴巴多斯，在那裡過了幾年窮愁潦倒的日子。

他的學徒大衛·哈利，我跟他一起工作時曾教過他，他買下凱默的設備器材，取而代之，在費城自立門戶。起初我認為哈利是一個強而有力的對手，十分擔心，因為他的朋友既有能力，也有勢力。因此我提出跟他合夥經營，而他不屑地拒絕了，事後想起來真是萬幸。此人心高氣傲，一派紳士打扮，生活奢靡，常常出外旅遊，到後來債務纏身，荒廢事業，所有的生意都不找他。他無事可做，便步上凱默的後塵，跑到巴巴多斯，把印刷所也帶了過去。在那裡這名學徒僱用昔日的老闆打工，他們三天兩頭吵架。哈利債務愈背愈重，終於迫不得已賣了鉛字，回到賓夕法尼亞做鄉下工作。那位買主依然僱凱默排字，沒過幾年，凱默就客死他鄉。

至此，我在費城的競爭對手僅剩宿敵布雷福德一個。此人富足瀟灑，有時僱幾個臨時工做零工，對生意並不十分熱衷。然而，由於他開辦郵局，人們認為他的消息比我靈通，他的報紙發布廣告的版面比我更廣，因此刊登的廣告多，這對他來說是個搖錢樹，對我卻是非常不利；因為我確實是透過郵局發送報紙，由於布雷福德黑心地禁止郵差發送我的報紙，我只好對郵差行賄，請他們暗箱操作。布雷德福的行為使我義憤填膺，我認為他的做法太卑鄙。所以後來我到他的位置上時，我下定決心不要跟他一樣[27]。

在此期間，我一直和戈弗雷一家搭伙，他和老婆、孩子住在我租用的房子的一部分，還占了店面的一側做玻璃安裝生意，不過他工作不多，一心一意鑽研數學。戈弗雷太太跟我提了一門親事，對象是她親戚的女兒，她常常找機會撮合我們。後來我開始認真追求，因為這姑娘確實值得追求，她的家人也很鼓勵，接二連三請我吃飯，給我們單獨相處的機會，直到把關係挑明為止。

戈弗雷太太要我們先講好條件，我告訴她，我希望他們女兒的陪嫁能還清印刷所剩餘的債務，我相信當時不會超過一百英鎊。她傳話給我說，他們拿不出那麼多錢。我說他們可以抵押房子貸款，幾天後他們回覆不同意這門親事；還說他們從布雷福德那裡打聽到印刷行業並不是個賺錢的買賣，鉛字很快就會磨損，要不斷添新換舊，又說，凱默和哈利相繼破產，我不久也許會步他們的後塵；因此不許我再次登門，女兒也被關在家裡。

不知是真的改變心意還是在耍詭計，反正他們認為我們熱戀難捨，說不定會私下偷偷結婚，這樣一來他們要給不給陪嫁便能隨他們開心。我無法確定，但我懷疑是後者，所以非常氣憤，決定再也不去他們家。後來戈弗雷太太告訴我他們的態度軟化，希望我們繼續交往，但我斷然宣稱要與那家人一刀兩斷[28]。結果得罪了戈弗雷一家，我們意見不合，他們決定搬走，留下我獨自住一間空房，我決定不再找人同住。

然而，這件事已經把我的心思轉向婚事，我便察看周圍的情況，主動和人結交，很快就發現人們認為印刷業是個窮行業，因此我不指望娶個妻子能帶來什麼錢財，除非是一位我認為有錢卻不甚滿意的妻子。在此期間，青春火勢不可遏，逼我常常與萍水相逢的下流女人廝混，這不但要花錢，還會惹麻煩，或是染病[29]，危害到我的健康是我最害怕的，不過幸好我逃過一劫。

作為近鄰和老朋友，我和里德小姐一家的友好關係一直持續，打從我頭一次住進他們家，他們全家人就很尊重我，常常請我過去商量他們家的一些事情，我有時候也能助一臂之力。我同情里德小姐的不幸遭遇，她遠離人群常顯得鬱鬱寡歡，很難看到她高興的樣子。我在倫敦時輕浮善變，我想這很可能是她不幸的起因。不過她好心地母親總認為錯在她而不在我，因為是她阻止我們在我去倫敦前結婚，是她趁我不在的時候撮合另外一門親事。我們倆舊情復燃，但說到結合，又遭到強烈的反對。原來的親事雖然被看成無效婚姻，因為他已有妻子，據說仍在英國生活；但遠隔重洋，又不能證實；有他死亡的傳言，但也沒有確定。就算他真的死了，他留下的債務可能要求繼承人償還。儘管困難重重，但我仍於一七三〇年九月一日娶她為妻[30]。我們擔心的麻煩事一件也沒發生，事實證明她是個賢內助，看顧店面，幫我很多忙，我們齊心協力讓事業興旺，互相努力讓對方幸福。這樣我算盡力改正那個重大的錯誤。

大約在這段時間，我們俱樂部的聚會地點不在酒館，而是在格雷斯先生家專門騰出來的一間小屋子裡。我做了一個提議：討論問題時往往要參考我們的書籍，如果把圖書集中存放在聚會的地方，就可以隨時查閱，對大家更加方便。只要大家願意把書集中起來，組成一個公共圖書館，這樣每個人就能使用所有其他成員的書籍，就像每個人擁有全部書籍一樣有利。這建議得到大家的贊同，於是屋子的一端擺滿了我們捐出來的書籍。數量沒有達到我們的預期，雖然用處很大，但由於缺乏妥善管理，也產生了一些麻煩，大約一年之後，這批書又物歸原主，各自帶回家去了。

這時候，我著手實施第一個具有公益性質的計畫，那就是成立一個會員制收費圖書館。我起草了幾個方案，由起草大師布羅克登修改為正規形式，多虧共圖社的朋友們幫忙，徵集了五十名會員，每人入會費四十先令，以後每年十先令，期限五十年，這也是我們的會社能存續的年限。

我們後來取得特許證，會員增加到一百人。這是北美會員制收費圖書館之母，現在這類圖書館已經不勝枚舉了[31]。這本身就是一項偉大的事業，而且還有方興未艾之勢。這些圖書館改進了美洲人的談吐，使普通商人和農民變得像從別的國家來的紳士一樣聰明睿智，也許對所有殖民地團結奮起維護自己的權利有所貢獻。

注解

【1】原文Junto，來自西班牙詞Junta，意思是「聯合」，描述一個私密的小團體。

【2】約瑟夫．布賴恩特納爾（？至一七四六）在科學方面跟富蘭克林志趣相投。

【3】湯瑪斯．戈弗雷（一七〇四至一七四九）。

【4】尼古拉斯．斯卡爾（一六八七至一七六一）。

【5】威廉．帕森斯（一七〇一至一七五七），一七四一年當上測量主任，成了圖書館會社的圖書管理員。

【6】威廉．毛格里奇（？至一七六六）是一艘船上的木工。

【7】羅伯特．格雷斯（一七〇九至一七六六），當富蘭克林三十七年的房東。

【8】威廉．科爾曼（一七〇四至一七六九）。

【9】點（point）為鉛字規格。一點等於七十二分之一英寸。

【10】《美洲信使周報》創辦於一七一九年十二月二十二日。

【11】從一七二八年二月四日到一七二九年九月五日。富蘭克林在一系列文章中單獨寫四篇，合寫兩篇。

【12】凱默於一七二八年十二月二十四日創辦《文理萬能指導：賓夕法尼亞報》。富蘭克林於一七二九年十月一日接管，將報名縮減為《賓夕法尼亞報》，並使之成為北美殖民地最好的報紙之一。

【13】威廉．伯內特（一六八八至一七二九），紐約和新澤西總督（一七二〇至一七二八），後來又任麻塞諸塞總督（一七二八至一七二九）。爭議起因是總督要求一年一千英鎊年薪，議會嫌多。富蘭克林站在議會一邊，於一七二九年十月九日在《賓夕法尼亞報》撰文支持。

【14】賓夕法尼亞議會。

【15】安德魯．漢密爾頓（約一六七八至一七四一）在一七三五年審判約翰．彼得．曾格煽動性誹謗罪時，擔任辯護律師，從而確立殖民地的新聞出版自由，贏得「費城律師」的稱號。

【16】「我有一次借他兒子五百英鎊。」——富蘭克林注。詹姆斯．漢密爾頓總督與議會出現矛盾時，富蘭

克林能讓議會給這位總督發工資。

【17】法庭判決沒收財產進行拍賣。

【18】威廉・科爾曼（一七〇四至一七六四），羅伯特・格雷斯（一七〇九至一七六六），都是富蘭克林「共圖社」的最早成員。格雷斯的鐵業鋪製造過富蘭克林的「壁爐」。

【19】《賓夕法尼亞報》一七三二年五月六日和十三日。

【20】其實是一七三〇年七月十四日。

【21】一七二三年，紙幣變得奇缺，議會發行以不動產抵押做擔保的新幣，抵押借款還清後，紙幣就被「銷毀」。然而到一七二九年，幣值太低，以致抵押借款尚未還清，錢就被收回。

【22】全名為《試論紙幣的性質和必要》（一七二九年四月三日）。

【23】一七二九年印刷兩萬英鎊的訂單其實給了安德魯・布雷福德。富蘭克林接的是一七三一年印四萬英鎊的訂單。他得了一百英鎊的報酬，紙張費另算。

【24】特拉華的紐卡斯爾。特拉華有一個分開的立法機構，但和賓夕法尼亞共有一個領主總督，安德魯・漢密爾頓是兩個議會的議長。

【25】富蘭克林現存最早的帳本顯示，他在一七三〇年七月前後開始經營這間店鋪。

【26】湯瑪斯・懷特馬什（？至一七三三），第二年他就去了南卡羅來納。

【27】富蘭克林於一七三七年十月接替布雷福德費城郵政局長的職務，於一七五三年當上北美殖民地郵政管理局副局長。

【28】那個時代大部分婚姻都考慮經濟問題，所以富蘭克林期望女方陪嫁並不異常。

【29】指梅毒。

【30】沒有證據證明黛博拉的第一任丈夫，失蹤的羅傑斯此時已經死了，或者證明他犯有重婚罪，所以黛博拉從嚴格的法律意義上仍然是他的妻子，不能正式再婚。富蘭克林和黛博拉形成一種非正式的事實

婚姻，沒有舉行民間或教堂婚禮。他們的「親事」被認為在法律上有效，子女也當婚生子女看待，由於允許離婚或撤銷婚姻的法律缺失，這種情況相當普遍。黛博拉一七七四年在費城去世，當時富蘭克林在英國出任賓夕法尼亞的代理。

【31】儘管費城圖書館會社（一七三一）是第一家會員制收費圖書館，但各式各樣公共或半公共的圖書集體一七三一年前就在北美存在了。

兩封信

第六章

備忘錄：目前為止是按本文開頭所述的目的而寫，因此包含一些與他人無關緊要的家庭瑣事。以下是多年後參考下面兩封信的建議，以大眾為對象寫成。革命事務造成寫作的中斷。

附有我自傳筆記的亞伯．詹姆斯[1]的來信插在這裡。還有沃恩先生[2]用意相同的來信。

我敬愛的朋友：

每想寫信予你，念及信件可能落入英人之手[3]，又擔心信的內容會被某個印刷商或好事者斷章取義，公之於眾，致使朋友個個痛心疾首，我落個一世罵名，只好作罷。

不久前，偶然得到你的二十三頁手稿，真是欣喜望外，此稿是你寫給貴公子的手札，其中有你對自己家世與生平的記述，以一七三〇年為下限，還附有一些筆記，同樣也是你的手筆[4]。隨信附上抄件一份，如果你正在將它往後續寫到最近一個階段，希望它能使前後兩部分連接起來；如果你還沒續寫，希望你切莫耽擱。

正如牧師所言，人生難料，如果古道熱腸、樂善好施的班傑明．富蘭克林離朋友而去，世界未能得到一部如此引人入勝、受益無窮的著作，一部可以娛悅萬民，造福千秋的雄文，那世人將何言以對？這類作品對青年的心智影響極大，這種影響只有在我們這位名士朋友的日記中才能表現得如此彰明顯著。這作品有潛移默化的作用，引導青年下定決心成為一個像作者一樣善良傑出的人物。一旦你的作品出版（我認為一定能出版），它能引導青年競相效仿你少年時的勤奮和節制，這些人有這樣一部作品真可謂福至心靈。我知道當世沒有一個人，即使眾人相加，也沒有你這麼大的力量能夠在美洲青年中弘揚勤奮、敬業、節儉和節制的偉大精神。並不是我認為這部作品在世界上再無其他價值和用處，然而那種無量的重要性真可謂首屈一指，難有其匹矣……

亞伯．詹姆斯

我將前面這封信連同所附的抄件讓一位朋友過目後，從他那裡收到下面這封信。

巴黎，一七八三年一月三十一日

最親愛的先生：

拜讀過您那位貴格會朋友替您找回的生平大事副本之後，我曾經告訴過您，我要寫封信給您，表明為何我認為依您的期望將它寫完、出版是造福萬民的大事。前些日子事務冗繁，難以下筆，我不知對此信是否還值得寄予期望；然而眼下正好閒暇無事，我至少可從寫信中為自己添情趣，使自己受益；然而由於我的措辭可能會冒犯您，我只能告訴您，對於一個像您一樣善良、一樣偉大但稍欠謙遜的人，我是如何說話。

先生，我懇請您寫出您一生的經歷，理由如下：您的經歷不同凡響，因為您若不寫，別人一定會寫，這樣造成的危害也許跟您自己編寫造成的裨益不相上下。更何況，您的自傳將會展示自己國家的內情，這會吸引品德高尚、身體健壯的人前來定居。再考慮他們尋求這類資訊的急切心情和您遠播遐邇的聲名，我不知道還有什麼宣傳會比您的傳記更加有效。您的一切遭遇與一個正在興起的民族風俗與境遇絲絲相扣；就此而論，我認為在一個洞燭人性和社會的人眼裡，凱撒與泰西塔斯的著作也不見得更加引人入勝。然而，先生，依我之見，這些理由皆微不足道，因為更重要的是您的傳記會為造就未來的偉人提供機遇；您的《美德修養藝術》[5]（您計畫出版的）將會改善個人的品格面貌，從而增進社會與家庭的幸福。先生，我提到的這兩部作品，會提供關於自我教育的崇高規範。學校和其他教育常常按照一些虛假的原則進行，用簡陋設備瞄準虛假目標；而您的設備既簡單，目標又真實；正當家長和青年對評估和籌畫一種合理的人生道路別無良策之時，您卻發現這件事用一己之力就可完成，這發現真是功德無量！對晚年個人品格的影響，不僅為時太晚，而且效果甚微。主要習慣和成見都是在青年時代養成，關於職業和婚姻也是在青年時代做出決定。因而青年時代是人生的轉捩點，青年時代甚至是對下一代的教育期，青年時代是公私兩種人格的決定期；儘管人生的期限從青年延伸到老年，但人生應當從青年時代就有個良好開端，在對自己的主要目標做出決定之前，這尤為重要。

您的傳記將不僅教人如何自我教育，而且教人如何把自己教育成一位智者；智者可以看見另一位智者行為的詳細記述，從而接受啟迪，改善進步。當我們看見自己的同類從遠古時代一直在黑暗中瞎摸亂撞而行，在這方面幾乎沒有一位嚮導時，為什麼還不讓弱者得到那樣的幫助呢？

所以，先生，讓兒子和父親們都看看這將會取得多大成果，並且引導所有的智者都能像您一般，其他人也會變得聰明睿智。當看見政治家和軍人對平民百姓如何殘忍，傑出人物對自己的認識又是如何荒誕，又看到平和、默從的表現不斷增多，發現偉大和平凡、令人羨慕與和藹可親是怎樣水乳交融，真會使人心明眼亮。

您非講不可的私人瑣事，用處也不小，因為我們最缺乏的就是日常生活中謹言慎行的準則；人們非常好奇，都想了解您是怎樣在這些方面身體力行。就此而言，這將是開啟人生大門的一把鑰匙，說明人人早該明白的很多事情，給大家一個機會，成為有先見之明的智者。

與親身經歷最接近的莫過於把別人的事情以一種有趣的形態擺在眼前；這肯定只能從您的筆端往外展現。您的事情和理事手段無論簡單還是重大，都能打動人心；所以我深信您處理時會獨具匠心，與您主持政治和科學討論時毫無二致；（考慮到人生的重要和失誤）還有什麼比人類生活更值得實驗和體制化呢！

有的人瞎講道德，有的人異想天開，有的人精明過人，但居心叵測；而先生，我相信，您提供的是將智慧、實際和善良熔於一爐的瑰寶。您的自述（因為我想我正在為富蘭克林博士畫的平行線不僅會具有品格的要點，而且會具有個人歷史的要點）將會表明您不以出身卑微為恥；這件事尤為重要，因為您證明出身與幸福、美德或者偉大關係甚微。沒有手段，談何目的，所以我們將會發現，先生，您自己制訂了一套您賴以出人頭地的計畫；同時我們可以看到，結果令人欣喜，方法卻再簡單不過，任何聰明的頭腦都可以想得出來；也就是說，依靠天性、美德、思想和習慣。

將要證明的另一件事就是，每個人得等待時機在世界的舞臺上嶄露頭角，選擇必須適當。由於我們的感覺大都固守一時，所以容易忘記這一時過後，還有更多的時機接踵而來，因此，人應當合理安排自己的行為，以適應終生的需要。您的稟性似乎一直適用於您的生活，飛逝的時光總因洋溢著滿足和快樂而教人意氣風發，而不是滿載著愚蠢的忍耐和悔恨使人備受煎熬。那樣的行為對這麼一些人是輕而易舉的，他們把美德和自身定為行為的準則，他們以效仿其他往往以忍耐為其特點的真正偉人，使自己做到寵辱不驚。

您那位貴格會的通信者，先生（因為在這裡我又要假定我這封信描述的物件和富蘭克林博士十分相似）稱讚了您的節儉、勤奮和克制，他認為這是全體青年的楷模；然而奇怪的是，他竟然忘了您的謙虛和無私，沒有這兩點，您絕對等不及您的發跡，也不會安貧樂道，怡然自得；這是一個深刻的教訓，表明對榮耀的淡泊和調整心態的重要。如果這位通信者對您的聲譽的性質像我一樣了解透徹，那他就會說，您原先的文章和提案會把注意力引向您的傳記和《美德修養藝術》；而您的傳記和《美德修養藝術》反過來，又把注意力引向您原先的文章和提案。這是一種與一個多樣人格相伴相隨的優點，帶動所屬的一切發揮更大的作用；所以更有用處，因為也許找不到改進思想品格手段的人比找不到時間或意向去改進的人更多。

我有一個最後的想法，先生，就是要表明您的生平作為一部單純傳記的用途。這種寫作樣式似乎有點明日黃花的味道，然而仍然非常有用；你的樣板也許特別經久不衰，因為它將與形形色色明目張膽的殺人越貨之徒和密謀策畫之輩的傳記，與荒誕不經的苦行僧或虛誇無聊的文痞們的傳記，形成強烈的對比。如果您的傳記能開一代新風，鼓動更多的同類作品出現，引導更多人過一種值得一寫的生活；它的價值將抵得上普魯塔克名人傳的總和。

然而我一直在心目中描繪這麼一種性格，它的每個特點只適合世界上的一個人，但又不能向他予以贊許，這種事我已經厭倦了；所以親愛的富蘭克林博士，我將向足下提出一個小小的要求，從而結束這封信。親愛的先生，我懇切希望您應當讓世人了解您真正的性格特點，如其不然，政治騷動也許會給它披上偽裝或者加以詆毀。考慮到年事已高，生性謹慎，思維方法之與眾不同，除了您自己，要別人對您的生平事實或思想動機有充分的掌握，那是絕對不可能的。除此之外，現階段鋪天蓋地的革命浪潮勢必把注意力轉向革命的發動者；當崇高的原則已經在革命中加以宣揚之時，尤為重要的就是表明那些原則真的產生影響，由於您本人的品格將是接受考察的主項，因為它受萬人景仰，能流芳百世也是順理成章的（因為其影響不僅遍及您幅員遼闊而方興未艾的祖國，而且遍及英國和歐洲），為了增進人類幸福，我一貫主張：必須證明人即使是現在也不是邪惡可憎的動物；但更有必要證明，良好的管理可以使其大大地改行從善，正是由於同樣的原因，我急於看到下面這項意見得到確認：在人類的成員中存在許多優秀品格。目前，所有的人，無一例外，將被遺棄，善良人會停止被認為無望的努力，可能想在渾渾噩噩的人生中鬼混，或者想獨善其身，過得舒服一點就行了。

那麼，親愛的先生，儘快著手做這件工作吧！表現出您固有的善良和節制；尤其證明您從小就是個熱愛正義、熱愛自由、熱愛和諧的人，在某種程度上，這已經使您的行為成了自然和一貫的作風，跟我們看見的您在最近十七年的表現毫無二致。讓英國人不僅尊敬您，甚至由衷地喜愛您。當他們看好貴國的個人時，就快要看好貴國了；當貴國同胞看到自己被英國人看好時，他們也快要看好英國了。把您的眼光再放遠一點；不要只著眼於講英語的人，而是在解決如此多的人性和政治問題後，考慮改善全人類的問題吧！

我沒有讀過擬議中的傳記的任何部分，但我認識傳主，所以我這是在亂寫一通。而我相信，我所提到的傳記和論文（關於《美德修養藝術》）必然會實現我的主要期望；要是您採取措施使作品迎合上述意見，那更是喜出望外。

就算這些作品在您的真正崇拜者的心目中未能做到如願以償，但至少您會完成一些能引起人類思想關注的篇章，誰能給人一種於人無害的快感，誰就給人生的光明面增色，因為人生被愁雲遮得太暗，被疼痛傷得太深。因此我希望您能聽取此信中向您發出的祈求，我求您予以認可，我最親愛的先生，書不盡言，言不盡意。

班傑明．沃恩

注解

【1】亞伯·詹姆斯（約一七二六至一七九〇），費城貴格會商人。

【2】班傑明·沃恩（一七五一至一八三六），父親是牙買加商人。英國外交官。曾任謝爾本勳爵私人祕書，巴黎和平談判期間（一七八二至一七八五）任富蘭克林的個人密使。他編了第一部富蘭克林作品總集（一七七九）。

【3】這封信是一七八二年寫給在巴黎的富蘭克林，當時英國還在與北美殖民地作戰。

【4】富蘭克林在一七七一年開始寫自傳以後，草擬一份提綱。提綱涉及他想寫的各種話題，但未能一一寫到。

【5】沃恩指的是富蘭克林想寫「一本有益於青年的小書」名叫《美德修養藝術》。《自傳》第七章是對沃恩建議的部分回答。

part 2

生平自述，一七八四年起筆於帕西[1]。

第七章

接到上面兩封來信已有些時日了，然而我忙得不可開交，壓根兒沒想到要滿足信裡要求的事情。如果我在家裡，有日記垂手可得，可以幫助回憶、確定日期，事情就好辦多了。然而歸期尚未確定，眼下稍有閒暇[2]，我想努力把想得起的東西先寫下來；倘若能活著回家，就可以修改、潤色。

這裡沒有已經寫好的稿子，所以我不知道是否記述過我建立費城公共圖書館用的一些手段。這座圖書館一開始很小，現在規模已相當可觀，儘管我記得已經寫到接近此事的時間一七三〇年。所以我從這裡開始，先講圖書館的事，以後如果發現已經講過，再刪除。

我在賓夕法尼亞自立門戶的時候，波士頓以南沒有一家像樣的書店。在紐約和費城，印刷所其實就是文具店，只賣紙張、年曆、歌謠和幾種常見的學校課本，喜歡讀書的人只好從英國郵購圖書。共圖社的社員每人手裡倒是有幾本書，我們最初在一家啤酒館聚會，後來我們另租一間屋子作為社部。我提議大家把自己的書送到那間屋子，這樣不僅可以在開會時隨時查閱，也可以讓大家借回家裡閱讀，這樣可以互惠互利。這項建議便付諸實施，大家十分滿意。

發現這種做法大有好處，我又建議把這種共用圖書、互利互惠的方法進一步推廣，創建會員制收費圖書館。我擬了一個草案和幾條必要章程，再請契約起草專家查理斯・布羅克登先生將全部內容改寫成正規的協定條款讓大家簽署。按條款規定，每個簽署人必須繳一定的款項以購買第一批圖書，然後一年繳一次費用添購圖書。那時候費城讀書的人寥寥無幾，大多數人又很窮，經我多方奔走勉強找到五十多人，大部分是年輕的商人，願意繳納每人四十先令，以後每年十先令的專款。我們就靠這筆小小的經費開張了，圖書是進口的，圖書館每週開放一天，只給認捐者借書，如不按時歸還，則要按書價加倍罰款。

這個機構很快顯示出它的用途，別的城鎮和地區也競相仿效，有了捐款，圖書館規模就愈來愈大，讀書蔚成風氣，廣大民眾由於沒有其他娛樂轉移學習的興趣，便跟書結下難解之緣。沒過幾年，外地人便注意到這裡的人比別的國家同一階層的人教養更高，頭腦更靈光。

就在我們打算簽署上面提到的條款時，由於這些條約將要約束我們達五十年之久，契約起草專家布羅克登說：「你們都是年輕人，但你們不大可能人人都活到本契約期限屆滿的時候。」然而至今很多人仍然健在，但沒過幾年，該契約就被一紙組成社團並不得轉讓的特許證宣布失效了。

在拉贊助的過程中，別人的拒絕和不情願使我很快發現：提出也許會被人認為能使提倡者的聲譽高出自己左鄰右舍的有用計畫，但這計畫又需要左鄰右舍幫助完成時，此人如果還擺出一副計畫發起人的姿態，就太不識時務了。因此我儘量把自己放在不顯眼的地方，聲稱那是幾個朋友的計畫，他們要求我幫忙，把一切交給他們認為愛讀書的人。這樣一來，事情進展順利多了。之後只要遇到相同情況我都如此辦理，幾次成功下來，我就可以放心推薦了。犧牲一點當下的虛榮，往後會得到更豐厚的回報；如果一時難以確定是誰的功勞，那麼某個虛榮的人就會出來宣稱功勞是他的，到那時候，就連嫉妒也會願意還你公道，拔掉他們虛假的羽毛，將功勞歸還給當之無愧的人。

圖書館提供我勤學苦讀、不斷改進的途徑，為此我每天挪出一、兩個小時，在某種程度上彌補我父親一度想讓我接受高等教育的缺失。讀書是我讓自己享受的唯一樂趣，我不在酒館、賭場或任何遊樂場合消磨時光。我兢兢業業、孜孜不倦地埋頭苦幹。我開辦印刷所背了一身債，年幼的孩子逐漸開始要接受教育[3]；在生意上我還得與當地兩家比我早開業的印刷所競爭。雖然漸入佳境，但原來的節儉習慣依然未改。

小時候父親對我諄諄教誨，屢屢重複一句所羅門的箴言：「你看見做事殷勤的人嗎？他必站在君王面前，必不站在下賤人面前[4]。」從那時起，我就把勤奮看成謀求財富和功名的手段，這句話給我很大的鼓勵，儘管我並不認為我真的要站在君王面前。不過，後來這事真的發生了——因為我曾站在五位君王面前，甚至還有幸跟一位丹麥國王同席共餐[5]。

有句英國諺語說「要致富，求妻助。」幸運的是我有一位跟我一樣勤奮節儉的妻子。她任勞任怨做我的賢內助，折頁子，訂冊子，看店，替造紙商收碎布等。我們不僱閒工，吃的是家常便飯，家具都用最便宜的。舉個例子，很長一段時間，我的早餐就是麵包牛奶（不喝茶），用的是兩便士的陶碗和一支錫湯匙。但且看奢侈是如何潛入我的家庭，並且擴大它的領域，對我的原則置之不理。一天早晨，我吃早餐時，發現飯盛在一只瓷碗裡，還有一根銀勺子。這些東西是我妻子瞞著我為我買的，花了她一大筆錢，二十三先令啊！對此她沒有打算做任何辯解或道歉，因為她認為她的丈夫應該像別的鄰居一樣，有銀勺子和瓷碗。這是我們家第一次出現銀器和瓷器。後來數年內，隨著財富的增加，這類東西也漸漸多了起來，價值達到幾百英鎊。

在宗教方面，我受的是長老會教徒的教育。教派的某些教條諸如神命永恆、特選子民、永世受罰之類，我覺得不可思議，別的教條也令人懷疑；而且因為星期天是我的學習日，所以我早就不參加那個教派的公共集會。儘管如此，我不是沒有宗教原則。譬如說，我絕不懷疑上帝的存在，絕不懷疑上帝創造世界，世界是由祂的旨意統治；絕不懷疑對上帝最可取的侍奉就是與人為善；絕不懷疑靈魂是永生的；絕不懷疑罪惡終將得到懲罰，美德終將獲得獎勵，不在今生，就在來世。我認為這些是每一門宗教的精髓，由於在所有宗教中都可以找到，所以我全部予以尊重，不過尊重的程度有所不同。因為我發現它們或多或少夾雜著一些別的條規，這些條規無意激發、促進或鞏固道德倫理，卻主要用來分化瓦解我們，挑鬥我們彼此為敵。我認為最壞的宗教也有某些良好的效果，基於對所有宗教的尊重，促使我避免發表可能貶低別人對自己的宗教褒獎的言論。我們這一地區人口日益增多，需要增加新的禮拜場所，這些場所是由自願捐贈修建的，我在這方面的微薄捐贈，無論哪個宗教提出來，總是有求必應[6]。

儘管我不大參加公共禮拜，但仍然認為這種活動既適當也有用，所以我每年按時繳納一筆捐贈，支持費城唯一的一位長老會牧師或聚會所。這位牧師有時以朋友的身分來探望我，並勸我參加他主持的禮拜，盛情難卻，我偶爾也去一回，曾經連續五個星期日都到。按我的看法，如果他是個優秀的傳教士，也許我會繼續參加，哪怕星期天我是用來學習：可是他布道的主要內容不是教派論戰，就是對教派特有教義的解釋，我覺得既無趣味性，又無啟發性，因為沒有灌輸或加強道德原則，其目的就是把民眾培養成長老會教徒，而不是好公民。

後來，他把《腓立比書》第四章的一節作為講道的題目：「弟兄們，凡是真實的、可敬的、公義的、清潔的、可愛的、有美名的，若有什麼德行，若有什麼稱讚，這些事你們都要思念[7]」。我認為以這為題的布道文不能缺失某些道德內容，可是他僅遵照《使徒行傳》的意思局限於五點，即：

一、敬守安息日。

二、勤讀《聖經》。

三、按時參加公共禮拜。

四、分享聖餐。

五、尊敬上帝的牧師。

這些都是善事，但不是我從那個題目所期望的善事。於是我死了心，不指望從任何題目中聽到我所期望的東西，因而產生厭惡情緒，再也不去聽他講道。

幾年前，也就是一七二八年，我編了一本小小的祈禱書供自己使用，名叫《信條與教義》。我又重新使用這本書，不再去參加公共集會。我的行為也許該受責難，但我不做辯解，因為眼下目的是陳述事實，而不是替自己辯護。

大約這時，我醞釀一個達到道德完善的大膽又艱鉅的計畫。我希望不論何時，都不犯任何錯誤地生活；我想克服天性、習慣或同伴可能引導我犯下的過錯。因為我知道或者自以為知道什麼是對，什麼是錯，所以我不懂為什麼我不能見對就做，遇錯就躲呢？然而，很快我發現我遇到了一件超出我想像的難事。當我在某件事上小心翼翼、處處提防著不要出差錯，卻往往會在別的地方跳出一個錯誤來給我驚喜，稍不留神，習慣又占上風；習性太強，理性無可奈何。終於我得到結論：堅信自己能做到完全善良有品德尚不足以防止我們滑跤，必須靠著破除陋習，樹立良範，沉穩一貫的正直行為才能辦到，為此我想出一個辦法。

我閱讀時看到關於美德各式各樣的細目，我發現作者不同，名目也多少各異，同一名目下包羅的概念也不同。譬如「節制」，有人只限談飲食，有人卻推而廣之，指緩和肉體或精神方面的享樂、慾望、習性或激情，甚至延及貪婪和野心。為了清楚起見，我向自己建議寧可多設名目，少附概念；也不要少設名目，多附概念。我把當時覺得必要或可取的美德歸入十三個名目，每個名目附上簡短的規戒，充分表達我所定義的範圍。

這些美德名目及其規戒是：

一、節制。飯不可吃脹，酒不可喝多。

二、緘默。於人於己不利的話不談，避免閒言閒語。

三、秩序。東西各歸其位，辦事情各按其時。

四、決心。下決心做該做的事情，要做就做到事情圓滿。

五、節儉。不花於己於人沒有好處的錢，杜絕浪費。

六、勤奮。珍惜時光，手裡總忙有益之事，屏除一切無謂之舉。

七、誠信。不害人，不欺詐。思想坦蕩、公正；說話實事求是。

八、正義。不損人利己，傷天害理的行為永不沾邊，利公利民的應盡義務切勿放手。

九、中庸。避免走極端，忍讓化冤仇。

十、清潔。身體、衣著、居所都不許不乾不淨。

十一、平靜。不可為小事、常事或難免之事攪亂了方寸。

十二、貞潔。少行房事，除非為了身體健康或傳宗接代；千萬不可因此弄得頭腦昏沉，身體虛弱，傷害自己或他人的平靜或聲譽。

十三、謙卑。效法耶穌和蘇格拉底。

我的意圖是把這些美德養成習慣，所以最好不要同時進行，才不會分散注意力；應該先專注於一項，等這項掌握後，再試下一項，循序漸進，直到全部做到。由於其中幾項如果先養成可以方便另外幾項的養成，於是我根據這原則將順序做了安排。

節制先實行，有助頭腦冷靜，思維清晰，這在防範舊習持續的吸引、抵禦強大的誘惑時不可或缺。這一項養成之後，緘默就容易做到。由於我的願望是提高美德和獲取知識並進，考慮在談話中，獲取知識是靠耳朵聽，而不是嘴巴講，因此要戒掉嘮叨、耍嘴皮的習慣，因為這習慣只會使我與輕浮、輕挑為伍，所以把緘默放在第二位。

緘默和下一項秩序，我希望能使我有更多時間進行計畫和學習；決心一旦變成習慣，將會使我堅定不移地努力獲取所有美德；節儉和勤奮使我擺脱債務，獲得獨立和富裕，使我更容易實施誠信和正義。由於我認為按照畢達哥拉斯[8]《黃金詩》裡的忠告，每日自省不可或缺，便想辦法自省。

我訂了一個小本子，一項美德一頁。每一頁用紅筆畫上豎線，形成七行，一行代表一週中的一天，每天用一個字表示。再用紅筆畫十三條橫線，與七條豎欄交叉，每一條橫線的開頭寫上一項美德的頭一個字。每天自省時，發現哪項美德有過錯，就在相應的豎欄中的橫線上畫一個小黑點。

我決心一週對一項美德嚴密監視，依次執行。第一週我嚴加防守，對節制不可有絲毫觸犯，別的美德就順其自然。每天晚上標出當天的過錯，如果第一個禮拜我能使標明「節制」的第一條線沒有黑點，我就認為那一項美德的習慣大大加強，它的對立面削弱了；因此我可以放心把注意力延伸，把下一項包括進去，爭取下星期兩條線上都沒有黑點。就這樣逐一進行，直到最後一項，我可以在十三個星期走完全程，一年四個流程。就像一個人在花園除草，無法一下子把所有的雜草除根，因為沒這個能耐，但可以一次除一畦，除完第一畦，再除第二畦。當我看到本子裡的黑點連續清除，我將能（希望如此）從中感受到在美德修養上取得進步的樂趣和歡欣。最後，經過十三個禮拜的天天自省，我應該能高興地看到一本乾乾淨淨、沒有黑點的小本子。

我在這個小本子上抄寫艾狄生《卡托》裡的幾行詩作為題辭：

在這裡我願意相信：如果我們頭上有一種神力，

（確實有，整個大自然透過她的造物高呼）

他肯定會對美德格外喜歡，

而且他喜歡的物件也一定快活[9]。

還有西塞羅的話：

O vitæ Philosophia dux! O virtutum indagatrix expultrixque vitiorum! Unus dies, bene et ex praeceptis tuis actus, peccanti immortalitati est anteponendus.[10]

還有出自所羅門《箴言》的引文，講的是美德或智慧：

每頁表格格式[11]

	節制						
	飯不可吃脹　酒不可喝多						
	日	一	二	三	四	五	六
節							
緘	●●	●		●		●	●
秩	●	●	●		●	●	
決			●			●	
節		●			●		
勤			●				
誠							
正							
中							
清							
平							
貞							
謙							

她右手有長壽，左手有富貴。她的道是安樂，她的路全是平安。

第三章第十六至十七節

由於認為上帝就是智慧的泉源，於是請求祂幫助我獲得智慧不僅正當，而且必要；基於這個目的，我寫了下面這段祈禱文，置於我的自省表前，天天使用。

啊，萬能的上帝！慷慨的天父！仁慈的嚮導！給我增強那種智慧吧！因為它能揭示我至真的利益。加強我的決心吧！好讓我執行那種智慧的指令。笑納我對您的其他子民的誠心服務吧！這是我對您綿綿恩佑力所能及的唯一報答。

我選用湯姆遜的詩作為一段祈禱文：

光明與生命之父，您是至善，
教我如何為善，您親自教我！
脫離所有低級的追求，
用知識、寧靜、純德充滿我的靈魂，
賜予我神聖、充實、永不凋零的福祉[12]！

秩序的規戒要求做事要各按其時，所以我的小本子上有一天二十四小時的活動計畫。

我開始實行自省計畫，過程中偶爾會中斷幾天。我驚訝地發現自己的過錯比想像中多得多，但也滿意地看到過錯日益減少。我的小本子由於要擦去舊過錯的記號，為新過錯記號騰地方，擦來擦去弄得千瘡百孔，三不五時要換新，為了避免這個麻煩，我把表格和規戒轉移到記事簿的高級白板紙頁上，用紅筆畫線條，使條痕能夠持久，再用黑鉛筆標出過錯，這些記號用溼海綿很容易擦掉。我只用一年就走完一個

晨間自問，今日我將做什麼好事？	5	起床，梳洗，向萬能的上帝禱告；規劃當日事務，訂下當日目標，繼續完成手邊的學習；早餐。
	6	
	7	
	8	工作。
	9	
	10	
	11	
	12	讀書或查帳，然後吃飯。
	1	
	2	工作。
	3	
	4	
	5	
晚間自問，今日我做了什麼好事？	6	東西歸位，晚飯，音樂或娛樂，或者交談，當日自省。
	7	
	8	
	9	
	10	睡覺。
	11	
	12	
	1	
	2	
	3	
	4	

流程，後來要幾年才能走完一個。最後由於冗務纏身，漂洋過海出差辦事，就徹底放棄了，不過我總是隨身帶著我的小本子。

我的秩序計畫最讓我傷腦筋，因為這在一個人可以自己安排時間的事情上行得通，譬如印刷工就是這樣。但要一位老闆嚴格遵守是不可能的，因為他必須和全世界的人打交道，接待客戶往往要以對方方便的時間為主。

秩序，還包括要將雜物各歸其位，像是紙張等等，我發現要做到這點也是難如登天。一開始我對此很不習慣，因為我的記憶力好得驚人，並沒怎麼感受到不將東西歸位的話會有什麼不便。所以這一項讓我傷透腦筋，犯的錯誤教人困擾，改進十分有限，而且屢改屢犯，以致我幾乎準備知難而退，想抱殘守缺安於現狀。就像有個人向我的鐵匠鄰居買斧頭，他希望斧頭全部都像斧刃那樣明亮；鐵匠答應為他磨光，如果他願意幫忙搖砂輪的話。於是他轉動砂輪，鐵匠把寬闊的斧面用力抵住砂輪，如此一來轉動砂輪會非常吃力。那人一直從砂輪旁邊跑來看磨得怎麼樣，最後想把斧頭照原樣拿走，不繼續磨。

鐵匠說：「不行，接著搖，接著搖，再磨一會兒就可以了，現在還有斑點。」

那人說：「是啊，不過我想我最喜歡的就是一把有斑點的斧頭。」

我相信很多人都是這樣，發現樹立良範、破除陋習十分艱難，在善與惡的交鋒上放棄鬥爭，然後自欺欺人地說斑點斧頭是最好的。因此我總是會假以理由對自己說，像我這樣在道德上對自己要求完美，也許會為世詬病，一旦為人所知，都會覺得我荒謬可笑。此外完美的品格還會惹來遭人嫉妒的麻煩，一個善人應當允許自己有點毛病，好給他的朋友留點面子。

說實話，秩序這項，我發現自己無藥可救，現在我老了，記憶力也差了，明顯地感覺到自己辦事缺乏秩序。然而，整體來說，雖然我從來沒有達到我曾經野心勃勃要達到的那種完美境界，而且還相去甚遠，但我努力成為一個比較優秀、比較快樂的人，若不努力我無法做到；就像有些人臨摹字帖，一心要練就一手好字，儘管永遠達不到字帖的優秀水準，但因為努力，書法大有長進，字寫得漂亮清晰，也算說得過去。

讓我的後代子孫們學會這點小技巧應該是件好事吧！讓他們知道：他們的祖先在上帝的庇祐下，活了七十九個年頭，如這篇自傳所述；他餘年會有何遭遇皆是操在上帝手中，就算遭遇不測，回想往日所享受的幸福，他也會以樂天知命的心態一一度過。他把長期持續的健康歸功於節制，至今他還保有一副好身材。多虧了勤奮和節儉，他早年景況順遂，獲取了財富，還學得種種知識，成為一位有用的公民，在學術界贏得一定的聲譽。他把祖國委任他的光榮職務歸功於誠信和正義，即使這些美德還沒達到完美無缺的境界，他還是獲得了這些成就。也多虧這些美德的影響，使他能夠脾氣平和，談笑風生，所以他人緣一直很好，甚至深得年輕朋友的喜歡[13]。所以我希望我的子孫學習，從中獲得好處。

應當說明的是，我的計畫並不是完全沒有宗教色彩，但絕對沒有任何一個教派的特殊信條。這些東西我刻意迴避；因為我充分相信這些方法的實用和卓越，對信仰任何宗教的人都適用，由於有意印行，所以我不想讓其中的內容引起任何教派的任何人產生反感。我對每項美德寫一點短評，表明具備這種美德的好處，和與之相反惡行的壞處。我本來要把自己的書命名為《美德修養藝術》，因為書裡教導獲得美德的方法和方式，有別於單純的勸善，因為勸善並不教導和指明方法，而是像門徒言語上的慈愛，不是給缺衣少食者指引如何或者何處可以得到衣食，只是一味地勸導他們要吃飽穿暖。《雅各書》第二章第十五、十六節[14]。

然而，我寫作、出版評論的目標並未實現。我確實時常記下一些感受、推理等方面的簡短提要，準備在評論中使用，有些提要至今還保存著。可是早年對於私人事務，後來又對公眾事務的必要和密切的關注，將此項工作拖延下來。由於這在我心裡是與一項需要全心全意貫徹實行的偉大深遠計畫緊密相關，而一連串出乎意料的事務使我無法顧及，所以時至今日仍然沒有完成。

在這篇自述中，我的計畫就是解釋並強化這個道理：單獨就人性考慮，惡行並不是因為遭禁才有害，而是因為有害才遭禁，因此具備美德是每個人利益之所在，因為人人都希望今生幸福，從這種情況（世界上總有許多富商、貴族、皇親國戚，他們最需要以誠實來管理自己的事務，但如此做的卻少之又少），我盡力讓年輕人相信，要使窮人致富，什麼都比不上誠實有效。

我的美德名目起初只有十二項，一位貴格會朋友好心好意告訴我，人們普遍認為我目中無人，我的傲慢往往從言談中表露出來；無論討論什麼問題，我不但得理不饒人，還擺出一副氣勢凌人、不可一世的架勢。他舉了好幾個例子，讓我心服口服；於是在我努力改進別的缺點同時，我盡所能根治這一惡行，我在美德名目上增添了謙卑，並賦予這個詞廣泛含義。

這項美德的實行我不敢誇大有多成功，但有很大的進步。我給自己訂了一條規矩，克制一切跟別人針鋒相對的言論，和武斷的說法。我遵照共圖社的老規矩，甚至不允許自己在語言中使用表示確定的詞語，諸如肯定、無疑之類，取而代之是我心想、我的理解是，或我認為一件事情如何，或者這事情我覺得如何。

當別人主張某種意見，但我認為錯的時候，我不會為了一逞口舌之快而馬上挑明駁斥他的意見多荒謬，而是在回答時，先說在某種情況下他的見解可能是對的，但目前看來，我覺得情況似乎有所不同等。很快我就發現改變態度的好處，我所參與的談話更愉快了；我表現的謙虛態度使人更樂意接受我的意見，反駁大大減少；如此一來，即使發現自己錯了，也不至於下不了臺；要是自己的意見碰巧對了，也容易說服別人放棄他們的錯誤看法和我達成共識。

剛開始採用這種辦法時，有點牛不喝水強按頭的感覺，最後習慣成自然，在過去五十年間，沒人聽到我隨口說過一句武斷的話。多虧了這種習慣（僅次於我的正直品格），當我早年提倡新體制或改變舊體制時，在同伴中說話很有分量；後來當了議員，在議會裡很有影響力。我笨嘴拙舌，從來做不到口若懸河，措辭語病層出不窮，但還能說服別人同意自己的觀點。

實際上，最難克服的也許是驕傲，千方百計將它偽裝，跟它格鬥，把它打倒在地，掐住它的脖子，將它狠狠羞辱一頓，但就是弄不死它，一有風吹草動，它又伺機表演一番。在這本傳記裡你也許會常常看見它，哪怕我自以為已經徹徹底底戰勝它，我也許又為自己的謙卑而居功自傲了。

以上一七四八年寫於帕西

注解

【1】法國巴黎的一個郊區，富蘭克林談判結束北美殖民地和大不列顛戰爭的巴黎和約（一七八三）時在此居住。

【2】與不列顛的和約是一七八三年九月三日在巴黎簽字。富蘭克林請求國會批准回國，但他仍留任公使一職，直到一七八五年湯瑪斯·傑弗遜接任為止。他於當年七月離開巴黎返美。他寫這部分自傳時，已經七十八歲了。

【3】富蘭克林的兒子威廉約生於一七三一年，弗蘭西斯生於一七三二年，女兒薩拉生於一七四三年。

【4】《聖經·舊約·箴言》第二十二章第二十九節。

【5】這五位國王是法國的路易十五和路易十六，英國的喬治二世和喬治三世，還有丹麥的克利史帝安六世。

【6】一七八八年費城修建一座猶太教的會堂，富蘭克林是最大的捐贈人之一。

【7】《聖經·新約·腓立比書》第四章第八節。

【8】畢達哥拉斯（西元前六世紀人），古希臘禁慾主義哲學家和數學家。富蘭克林在這裡加注：「將指導自查的這幾行插入一條注裡」，並希望包括詩句的譯文：「在睡意闔上你的眼睛前先將當日的工作檢查三遍：我在何處偏離正道？我做了些什麼事？我漏做了什麼善事？」

【9】約瑟夫·艾狄生：《卡托，一出悲劇》第五幕第一場第十五至十八行。富蘭克林也用這幾行詩做他的《信條與教義》卷首引語。

【10】馬庫斯·圖留斯·西塞羅（西元前一〇六至前四三），古羅馬哲學家、演說家。引文出自《圖斯庫盧姆辯論錄》第五卷第二章第五節。Vitiorum後有幾行略去。拉丁引文的意思是「哲學啊，生活的指南，你是美德的求索者，罪孽的去除者！……寧可按照你的規戒好好活一天，也不願過一種罪惡的永生。」

【11】按正文，黑點畫線上而不在格子裡，這裡依照Norton Anthology版的表格形式。

【12】引自詹姆斯·湯姆遜（一七〇〇至一七四八）《四季》中的《冬季》（一七二六）第二一八至二二三行。

【13】注意這段文字中使用第三人稱，意在拉開敘事人和讀者的距離，以收到更加客觀的效果。

【14】《聖經·新約·雅各書》第二章第十五至十六節：「若是兄弟或是姐妹赤身露體，又缺日用的飲食，你們之中有人對他們說『平平安安地去吧，願你們穿得暖吃得飽』卻不給他們身體所需用，這有什麼益處呢？」

part 3

富蘭克林在費城寫的，時間在一七八八年到一七八九年五月底之間。

第八章

一七八八年八月，我準備在家寫，可是得不到我所期望的文稿幫助，因為很多在戰爭中遺失了，不過我還是找到了下面的這一部分。

我提到過我醞釀著一個偉大而深遠的計畫，這裡似乎有必要對那項計畫和目標做一些記述，它初次在我心裡浮現的概況記錄在偶然保存下來的一片紙條上：

一七三一年五月十九日圖書館

讀史感言

「世界大事、戰爭、革命等等皆由政黨推動、完成。」

「這些政黨的著眼點就是它們當前的普遍利益，或者是它們所認為的那種利益。」

「政黨不同，著眼點各異，這就引起一片混亂。」

「儘管一個政黨在推動一項總計畫，各人卻有各人著眼的具體私利。」

「一旦一個政黨達到了自己的總目標，每個成員就開始關注一己的私利從而妨礙了其他成員，這就造成了政黨分裂，招致了更多的混亂。」

「在公眾事務中，很少有人做事純粹從國家利益著眼，不管他們說得多麼天花亂墜；即使他們的作為給國家帶來了真正的利益，人們仍然主要考慮他們一己的私利與國家的公利連為一體，而不是從一種慈善原則出發行事。」

「在公眾事務中更少有人做事是從人類利益著眼。」

「我覺得目前極需創建一個聯合美德黨，也就是把各國品德高尚的善良人士組織成一個正規團體，按一些適當的善良、明智的章程來管理，善良明智之士也許在遵守自己的章程上，比普通人遵守法規更加步調一致。」

「我目前認為誰若對此做出正確的嘗試，而且能夠勝任，誰就肯定能取悅上帝，獲得成功。」

班・富

我在心裡反覆琢磨這項計畫，以便日後情況允許就能付諸實施，所以不時將浮現出的相關想法記在紙上。這些紙條大多已經遺失，但我找到一頁，表明擬議中的信條，包含當時每一種已知宗教的教義，但沒有一點可以震驚任何宗教的內容。它是以這樣的語句表述的：

「只有一個創造萬物的上帝。」

「祂以祂的天道統治世界。」
「祂應當受到以敬愛和感恩等形式表示的崇拜。」
「最可取的對上帝的侍奉就是對人行善。」
「靈魂是永生的。」
「上帝必定會懲惡揚善，或在今生或在來世。」

我當時的想法是，這樣一個教派應當在年輕單身漢中創建和發展；每個加入教派的人不僅要宣布他認同這些信條，而且應當按前面提到的方式對各項美德進行十三個星期的自省和實踐。剛開始教派的存在應當保密，直到形成一定氣候為止，還應當阻止不合格的人員加入。每個成員應當在自己的熟人中尋找聰明向善的青年，小心謹慎、循序漸進地把計畫傳達給他們；成員們應當相互勸勉，互助互信，以促進彼此的事業和生活進步。為了與眾不同，不妨把這個教派稱為自由解放社。所謂解放，就是對各項美德修養成習，從惡行的主宰中解放；實行勤奮和節儉，從債務中解放；因為債務把人囚禁起來，成為債主的奴隸。

關於這項計畫，現在我只能記起這些。另外，我把計畫的部分內容向兩個年輕人傳達，他們滿懷熱情地身體力行。由於當時我境況艱難，只能好好盯住生意，不敢心有旁騖，所以就把計畫的進一步實施拖延下來，我公私兼顧，職務繁多，以致計畫一拖再拖，到最後精力、活動力均已不濟，無法推行這項事業。不過我現在仍然認為這是一項確切可行的計畫，可以造就很多優秀公民，也是一項非常有用的計畫。這事業看起來恢弘艱鉅，但我並不氣餒，因為我認為一個能力尚可的人可以促成大變革，成就大事業，只要制訂一個好計畫，然後排除一切娛樂或其他會分心的事務，把推行這一計畫當作唯一的研究和事業。

一七三二年，我首次以理查．桑德斯[1]的名義出版我的年鑑，我續編了二十五年左右，一般叫《窮人理查年鑑》。我盡力編寫得既有趣又有用，需求量很大，每年銷售近萬冊，我從中大賺了一筆。這本書非常風行，本地區家喻戶曉，於是我認為這是一個教導大眾的適當工具，因為大家幾乎不買別的圖書，於是我在年鑑重要日子之間出現的空白處填上一些諺語警句，勸導人把勤奮、節儉當作致富方法，進而培養美德；因為對一個窮人而言，老老實實地做事更難，因為（這裡試用一句諺語）「空袋子，難立直」。

這些諺語包含歷代多國的智慧，我將之蒐集起來，編成一篇連貫的文章，當作一位逛拍賣市場智叟的演說，放在一七五七年年鑑的卷首[2]。把零散的箴言集中能給人留下更深刻的印象，這篇文章大受歡迎，歐洲大陸的報紙紛紛轉載，英國印成海報家家戶戶張貼；有兩種法文譯本，牧師和鄉紳買來免費分發給貧窮的教友和佃農。在賓夕法尼亞，由於這篇文章勸人們不要白花錢買外國貨，所以有人認為這對當地錢財增長有一定影響，因為這種情況在文章發表後幾年就看出來了。

我把報紙當成教育的另一種工具，基於這觀點，我在報紙上頻繁摘要轉載《旁觀者》和其他勸善作家的文章，有時候也登自己寫的小篇章，這些都先寫出來在共圖社宣讀。其中一篇是蘇格拉底式的對話錄，意在證明一個人無論才能有多好，如果缺德，就不配稱為一個有見識的人。還有一篇談論自我犧牲，指出美德只有修養到習慣成自然的程度，才是徹底擺脫與之對立的傾向，才算牢固可靠。這些文章可以在一七三五年初前後的報紙找到[3]。

辦報過程中我小心謹慎，誹謗中傷和人身攻擊的文字一律不登。近幾年來，這類文字已成國家的奇恥大辱，總會有人求我插入這類文字，那些作者振振有詞地辯解，打著出版自由的旗號，說報紙就像公共馬車，誰出錢誰就有權入座。遇到這種情況我的回答是，如果想印，我願意另印，想印多少就印多少，但由作者自己負責發行，這樣我不須承擔擴散誹謗的責任。況且，我與訂戶有約在先，提供的內容不是有益，就是有趣，不可讓報紙充斥與訂戶無關的私人口角，不然就是對他們不公平。現今好多出版商只顧滿足某些人的惡意，不惜造謠中傷一些優秀人物，煽風點火，加深仇恨，甚至到了挑起決鬥的程度。更有甚者，竟然輕率刊印謾罵攻訐鄰州政府的文章，甚至友好的盟國也不放過，這可能造成極惡劣的後果。我之所以提這些事，是要警告年輕的出版商，千萬不可做這種不光彩的事情，把自己的報刊搞得烏煙瘴氣，抹黑自己的職業，這類文字一定要斷然拒絕。他們也許會從我的例子看出，這樣的辦報方針不會損害他們的利益。

一七三三年，南卡羅來納的查爾斯頓需要一家印刷所，我派了一名工人過去。按照一個合作夥伴的協議，我給他配備一台印刷機和一套鉛字，支付三分之一的費用，將來收取三分之一的利潤。此人有學識，人也老實，但不懂財務；儘管有時候他匯給我一些款項，但在他生前我從未從他那裡接到任何帳款紀錄，也得不到關於我們合夥經營的情況說明。他死後，生意由他的遺孀接手。她在荷蘭出生長大，我聽說那裡將財會知識列為婦女教育的一部分，她不僅把過去業務狀況整理了一份一目了然的報表，之後每季都會寄極正規、準確的帳目表。她把生意經營得頗有成效，不僅因此把子女撫養長大，有口皆碑，而且在合約期滿時有能力從我這接手印刷所，讓她兒子獨立經營。

我提及這件事，主要是向年輕女性推薦這門教育學科，在萬一寡居的情況下，這學問對自身和子女比音樂舞蹈更有用處，因為可以保護自己不被狡詐的男人哄騙而蒙受損失，還能繼續經營有固定生意往來且有利可圖的店鋪，直到孩子長大成人繼續經營，做到事業永興，家庭富裕。

大約在一七三四年，從愛爾蘭來了一位年輕的長老會傳教士，名叫亨普希爾[4]，他聲音優美動聽，發表一些即興的精采演說，把大批不同教派的人士吸引在一起，收到口耳相傳的效果。我也常常前去聆聽，他的布道文我格外欣賞，因為很少死背教條，而是大力灌輸美德的修養，或者用宗教說法，叫人做善事。然而，我們的教友中有一些以正統長老會信徒自命，他們不同意他的理論，且與大多數老派教士同個鼻孔出氣，在教會主管會議上指控他為異端，想讓他銷聲匿跡。

我成了他的熱情支持者，竭盡所能成立一個後援會聲援他，為他對抗了一些時日，抱著成功的希望，為此打了不少筆戰，這時才發現他傳道時出口成章，寫作時卻索然無趣；我便替他捉刀，寫了兩、三本小冊子，有一篇文章刊登在一七三五年《賓夕法尼亞報》上。這些小冊子就像辯論文章的慣例一樣，儘管當時人們競相閱讀，但很快就成了明日黃花，我猜現在一本也找不到了。

在爭論期間，發生一件不幸的事情，從此砸了他的招牌。一個對手聽他宣講的一篇有口皆碑的布道文後，覺得好像在什麼地方看過，或者看過其中一部分。他翻閱各報章雜誌，終於在一期《英國評論》上找到，那個部分直接引用福斯特博士[5]的演講。這個發現使很多人感到噁心，從此對他的事置之不理，這使我們在宗教主管會議上一敗塗地。

不過我對他仍然不離不棄，因為我寧可聽他宣讀別人創作的好布道文，也不願聽他自己寫的壞東西；儘管後面這種情況是傳教士的一貫做法。後來他向我承認他宣講的布道文沒有一篇是他自己寫的；還說他記憶力驚人，任何布道文都能過目不忘。

我們敗陣以後，他就離開我們，去別的地方闖蕩；我也退了會，再也沒加入，儘管多年來我還是一如往常捐資支持該會的牧師。

我在一七三三年開始學習外語，很快就精通法語，能夠輕鬆地看法文書，然後又學義大利語。有一個熟人也學義大利語，他常常要我和他下棋。這占去過多我為學習而空出的時間，我後來不下棋，除非滿足這麼一個條件：贏家有權提出任務，輸家必須保證在下次見面時完成，或者背會一部分語法，或者翻譯出一段文章等等。由於我們的輸贏大致相當，如此互相逼著掌握了義大利語。後來我又下了點功夫學西班牙語，之後也能夠讀原著。

我說過我只上過一年拉丁文學校，那時年紀很小，此後就沒再碰過這個語言。在我學會法語、義大利語和西班牙語之後，當我翻閱一本拉丁文《新約全書》時，驚訝地發現我對這種語言的理解比我想像的多；這激勵我再下功夫學習拉丁文，已經學會的幾種語言為我鋪平道路，因而取得更大的成功。

這情況讓我想到，常見教語言的方法似乎有些矛盾。我們都說要先學拉丁文，之後再學現代語言就容易多了，因為這些語言是從拉丁文衍生而來，但卻沒人為了更快學好拉丁文而先去學習希臘文。誠然，如果你能不踩樓梯地來到臺階頂端，下樓時肯定容易許多，但無疑地是若從最底層開始爬起，來到樓頂肯定會更輕鬆。因此，我提出來供主管青年教育的人思考：既然很多從拉丁文開始的人，花了幾年時間由於沒有精通就放棄了，他們學的東西幾乎毫無用處，因此浪費了時間。如果先從法語學起，再學義大利語等等，是否會好一點呢？花費同樣多的時間，前者中止語言學習，而且永遠學不會拉丁文，如果先學其他語言，讓他們掌握了一、兩種現代語言，在日常生活中或許比較有用處。

離開波士頓十年之後，在境遇更加順遂的情況下，我才返回故鄉探親訪友，因為早期沒錢回去。在返家途中，我專程到新港探望哥哥，他的家和印刷所在那裡。我們已經前嫌盡釋，兄弟相見熱情又親切；他的健康正迅速惡化，他擔心大限之期不遠，要求我萬一他死了，就把他剛滿十歲的兒子撫養長大，讓他從事印刷業。後來，我遵照要求，先讓他上學，再讓他進印刷所；他母親一直經營印刷所直到他長大成人。我用一套各種型號的新鉛字幫助他，因為他父親的鉛字已經磨損。我太早離開哥哥，沒有為他效力，現在算做一些補償。

一七三六年，我失去了一個兒子[6]，一個四歲的漂亮男孩，死於常見的天花。長期以來，我悔恨萬分，現在仍然後悔沒有為他接種疫苗。我之所以提這件事，是為了提醒忘記給孩子接種疫苗的父母，萬一孩子死於天花，將永遠無法饒恕自己。我的例子證明，如果兩種做法都可能造成同樣的悔恨，應當兩害相權取其輕。

大家發現共圖社用處很大，成員們個個滿意，於是有幾位想介紹自己的朋友入社，這事不太好處理，因為原來定了十二名限額，這樣一來就會超收。我們一開始就有訂下要為組織保密的規則，大家都遵守得很好。用意無非是避免不適當的人申請入社，萬一有人申請，也許會難以拒絕。我是反對增加社員的成員之一，不過倒是提出一個建議，原社員可另行組織一個附屬俱樂部，涉及討論問題的規章與原先相同，但不能透露與共圖社的關係。

這樣做的好處是利用我們的組織機構提高更多年輕公民的素質，也可以隨時了解民意民情，因為共圖社成員可以提出想討論的問題，也可以把各分社的情況向共圖社彙報。集思廣益可以增進我們事業的具體利益，還可以透過好幾個俱樂部把共圖社的主張擴散開來，從而增大在公眾事務中的影響和做好事的力量。這提議得到大家贊成，每個成員便著手籌組自己的俱樂部；但並不是個個成功，成功的俱樂部只有五、六個，各有各的名稱，諸如「藤蔓」、「聯合」、「群眾」等等。這些俱樂部不僅對自身有益，也提供不少樂趣、資訊和教益，在一些特定場合發揮很大的輿論影響，這點我將在事情發生的過程中舉例說明。

我於一七三六年被選為議會祕書，這是對我的第一次提拔，那次選舉沒有任何異議；第二年，我再次得到提名（這個選舉跟議員選舉一樣，一年一次），一位新議員發表了長篇言論，反對選我，有意讓另一名候選人當選，不過我還是當選了。這使我更加高興，祕書一上任就有薪水，且這職位能給我更好的機會，在議員中享有威望，這樣我就可以穩當地拿到印刷選票、法規、紙幣和其他公家的生意，整體而言，這些都有利可圖。

因此，我不喜歡這位新議員的反對。他是位紳士，家境富裕，教育良好，才氣不凡，這些條件很可能使他在議會中形成一股勢力，後來果真如此。但我也不打算低聲下氣討他歡心，而是過了一段時間採用另一種辦法。

聽說他的藏書中有一件稀世珍本，我寫了張紙條給他，表達想一睹為快的渴望，並請求他惠允借閱數日。他立即派人把書送來；一個星期後我將書歸還，並附上一張紙條，表達強烈的感恩之情。我們再次在議會見面時，他主動跟我攀談（這是他前所未有的舉動），而且很有禮貌。此後他表示隨時樂意效勞，最後我們成了莫逆之交，友誼一直延續到他去世的那一天。這再次證實我學的那句至理名言：「誰若一次施恩予你，必將二次施恩予你，其樂意之情為受恩於你者所不及也。」這表明冤家宜解不宜結，冤冤相報弊無窮。

一七三七年，維吉尼亞前任總督、時任郵政管理局局長的斯波茨伍德上校[7]對他在費城的代辦怠忽職守和帳目不清的行為十分不滿，便將其革職，要我繼任[8]。我欣然接受這一任命，發現此職好處極大。儘管薪水微薄，但方便聯絡，可以改進我的報紙，增加訂量，要刊登的廣告也相應增加，這樣一來，我的進帳就十分可觀。

我的老競爭對手的報紙則是江河日下，我十分滿意，對他擔任郵政局長期間不許郵差投送我的報紙一事沒有採取報復措施。他該報帳時不報帳，栽了大跟斗。之所以提這件事，無非是給受僱替別人管理事務的年輕人上課：應當始終如一地報帳、繳款，做到清楚透明、如期準時。為人做事能信守這個準則，就會有口皆碑，不愁找不到工作，成不了大事。

這時候，我開始對公共事務有點想法，不過還是從小事做起。巡夜是我認為需要規範的首要事項之一。這項工作由各區的員警輪流管理，員警先通知一些戶主陪他巡夜。不想奉陪的人一年交六先令給員警就可以免差。據了解這筆錢是用來僱用替補，但實際上這筆錢遠遠超過僱人所需的數目，這使員警一職成了肥缺。員警為了喝點酒，就找幾個小混混陪他巡夜，有頭有臉的戶主便不屑和這些人為伍。名義是巡夜，但巡邏往往被忘在腦後，夜裡大部分時間都耗在灌黃湯。因此我寫了一篇文章在共圖社宣讀，細數這些不當行為，特別強調員警收的六先令稅款極不公平；因為納稅人的情況天壤之別，一個窮寡婦的全部家產也許不值五十英鎊，而富商店裡有價值數千英鎊的貨物，二者卻繳納同樣數目的巡邏稅款。

我提出更加有效的巡夜制度，就是僱用合適人選經年從事這項工作。另外，我也提出補助這項開銷更加公平的辦法，那就是課多少稅應以財產多少衡量。這觀點得到共圖社的贊同，而且傳達到其他分部，不過只做為各自的意見提出來罷了。儘管這項計畫沒有立即付諸實施，但人們做好了變革的思想準備，為幾年後的立法預先鋪路，到那時各個俱樂部的成員已經能形成較大的影響[9]。

大約此時，我寫了一篇文章（先在共圖社宣讀，後來再發表），談房屋失火的各種意外和疏忽，還有一些防火措施[10]。文章發表後，人們議論紛紛，認為是一篇實用的文章。於是促成一項計畫，組一個團隊以便更加迅速滅火，並且在危險關頭互相幫助，保全財物；很快的這計畫的參與者達到三十名。我們的協議條款[11]要求每個隊員常備不懈，準備一定數量的桶子，以及結實耐用的袋子和籃子（用來裝運物品），一有火災，立即帶往火場使用。我們說好每個月碰面一次，舉行聯歡晚會，討論交流關於火災問題的各種意見，運用在滅火的行動當中。

這個機構的用途很快顯露，大家爭先恐後要求加入。但我們認為一個消防隊人太多會有所不便，便勸他們另組一個。於是，新的消防隊便接二連三地籌組，最後數目愈來愈多，大多數有財產的居民都加入了。就在我撰寫本文的時候，儘管成立已經五十餘年，我第一個組建的「聯合消防隊」仍然存在，而且運作良好。雖然除了我和一位比我大一歲的人之外，其他初創成員皆已作古。

當初隊員因缺席每月聚會而處罰的小小罰金，被用來購買滅火器、雲梯、救火吊鉤及其他有用的工具；我懷疑世界上有哪個城市在發生火災時有比費城更好的救災系統；實際上自從這些機構建立以來，這座城市一次火災最多只會損失一、兩棟房屋，而火焰往往在房屋被燒掉一半以前就被撲滅了。

注解

【1】理查．桑德斯是十七世紀倫敦曆書編寫者和占星學家。富蘭克林也許還記得一本從一六六一年到一七六六年出版的倫敦曆書，叫做《窮羅賓曆書》。富蘭克林一七三三年的第一期年鑑，在一七三二年十二月九日廣告為剛剛出版。

【2】作於一七五七年夏天，在富蘭克林赴英航行期間，但印在一七五八年的年鑑上。這篇著名的前言文本不同，名稱各異，有的叫「亞伯拉罕大爺的講話」，有的叫「致富之路」（法文叫「La Science du Bonhomme Richard」），在十八世紀結束之前用七種不同的語言至少重印了一百四十五次，此後重印更是難以計數。

【3】《賓夕法尼亞報》，一七三五年二月十一日和十八日。

【4】撒母耳・亨普希爾，愛爾蘭長老會牧師，他於一七三四年在費城傳教。

【5】詹姆斯・福斯特（一六九七至一七五三），一名不順從國教的英國教士，洗禮會教徒，當時最雄辯的傳教士之一。

【6】弗蘭西斯・福爾傑・富蘭克林。為了闢謠，富蘭克林在報紙上登了一則文告，說明孩子夭折是感染（「常見的管道」）天花，不是接種疫苗所致；他的接種被推遲，因為他患有腸疾，正在恢復。

【7】亞力山大・斯波茨伍德（一六七六至一七四〇），一七一〇至一七二二年間任佛吉尼亞軍事領導人和代理總督。

【8】安德魯・布雷福德在任職的後九年，沒有提交過帳目。一七三七年，富蘭克林接替他的職務。

【9】富蘭克林說的「幾年」實際上是十七年。他寫這篇共圖社稿子時約在一七三五年；費城的一個大陪審團回應他關於巡夜的申訴是一七四三年；賓夕法尼亞總督和議會通過授權法在一七五一年，費城市議會按富蘭克林的提議發布規範巡夜的命令是一七五二年七月七日。

【10】最初刊登在一七三五年二月四日《賓夕法尼亞報》上。

【11】聯合消防隊的條款由富蘭克林和另外十幾名創始隊員於一七三六年十二月七日簽訂。

第九章

一七三九年懷特菲爾德牧師先生[1]從英國來這裡，他在英國已經是一名傑出的巡迴傳教士。起初，他被允許在一些教堂裡傳教，但是教士們對他十分反感，拒絕他登上講臺，他十分無奈，只好在露天場地上傳教。聽他布道的人來自各教派，人數眾多，身為聽眾之一的我，觀察發現他的演講對聽眾有一定的影響力，儘管他辱罵他們，讓他們相信他們天生一半是野獸，一半是惡魔，但他們還是佩服得五體投地。居民的行為很快產生變化，本來對宗教不是沒想過，就是無所謂，現在全世界充滿宗教氣氛；晚上從城裡走過，總能聽到街道上家家戶戶都在唱聖歌，這種景象真令人嘆為觀止。

在露天場地集會，天寒地凍或颳風下雨很不方便，於是希望修建一座聚會堂。此建議一經提出，立即指定負責接收捐贈的人員，很快收到足以買地、建大樓的款項。這座建築長一百英尺，寬七十英尺，大小與威斯敏斯特教堂相當。人們充滿幹勁，工程進度神速，工期之短遠遠超出預料。無論建築或廣場都歸受託管理人管轄，明文規定任何教派的傳教士想對費城居民說什麼，都可以使用。由於建築的設計不是為了適應某教派，而是為了滿足全體居民的需要，所以哪怕是君士坦丁堡的穆夫提[2]，要派傳教士來宣講穆罕默德教，也會發現講臺可以隨意使用[3]。

懷特菲爾德先生離開以後，在各殖民地傳教，一直到了喬治亞，這裡的移民定居剛開始不久。到這來的移民並不是吃苦耐勞、勤奮努力的農夫，只有農夫們才適合艱苦卓絕的工作；移民到這裡的都是攜家帶眷的破產商人和一些逃債人，許多才剛從監獄出來，個個好吃懶做，遊手好閒。這些人在荒野裡安家立戶，既無能力開墾土地，又受不了新定居點的艱難困苦，結果死亡甚眾，留下大批孤苦伶仃的孩子無人照顧。見到這麼慘不忍睹的景象，懷特菲爾德先生興起辦孤兒院的念頭，如此這些孩子就有人扶養，有人管教。返回北方後，他大力鼓吹這個慈善計畫，募集到大筆款項。因為他出眾的口才有種神奇的力量，聽眾莫不慷慨解囊，我也不例外。

我不是不贊成這項計畫，但是當時喬治亞既缺建材，又少人工，要把這兩者從費城運過去是一筆極大的開銷，因此我認為更好的辦法是把孤兒院建在費城，再把孩子們接過來。但他心意已決，把我的忠言當成耳邊風，因此我拒絕捐款。

不久，我碰巧去聽他的布道。演講過程中，我發現他打算以一次募捐來結束布道，我暗下決心，他休想從我手裡拿到一毛錢。我口袋裡有一把銅元和三、四塊銀元，還有五塊金元。他講著講著，我開始心軟，決定把銅元給他。經過他一陣慷慨陳詞，我覺得一把銅元羞於出手，決定捐出銀元；他的結語更讓人讚賞，使我傾盡所有，包括金元統統倒進募捐箱內。

前來聽他布道還有俱樂部另一個成員，關於喬治亞建孤兒院的問題，他和我意見相同，他懷疑布道有募捐之嫌，所以未雨綢繆，出門時先把口袋掏空；然而演講快結束時，他突然覺得不捐實在說不過去，只好跟站在旁邊的一位鄰居借錢讓他捐獻。不幸的是，他拜託的對象也許是在場唯一意志堅定不為傳教者所動的人。此人的回答是：「霍普金森[4]朋友，任何時候你都可以向我借，但現在不行，因為你好像被洗腦了。」

懷特菲爾德先生的某些冤家認為他會中飽私囊，不過我熟悉他的為人（我承印過他的布道文和日記等等[5]），對他的清廉、奉公沒有懷疑。時至今日，仍然堅決認為，從他的行為舉止判斷，他是一個誠實的人。我讚美他的證詞應該更有分量，因為我們沒有任何宗教上的關聯。他確實有時祈求我能改宗教，但他從未得到滿足。我們之間是一般的友誼，雙方以誠相待，一直到他去世為止。

下面的例子會說明我們的交情。有一次他從英國抵達波士頓，寫信告訴我要來費城，但不知道可以在哪裡投宿，因為他好心的老房東貝尼澤特先生[6]已經搬到德國。我回答：「你知道我的住處，如果你能在寒舍將就幾天，你會得到最熱誠的歡迎。」他回信：「如果看在基督份上出此義舉，我將不會錯過一份回報。」我回：「別弄錯了，並非看在基督份上，而是看在你的份上。」我們都認識的一位熟人開玩笑說，大家都知道聖徒有個習慣，該他們領情時，總覺得這份人情擔待不起，便將包袱從自己肩上移開，放到天上，我總是想辦法把它牢牢釘在地上。

最後一次見到懷特菲爾德先生是在倫敦，當時他跟我商量關於孤兒院的事情，說他打算將其改建為學校。

他的聲音洪亮，談吐清晰，毫不含糊，所以站得老遠都可以聽得明白，尤其在聽者人數眾多卻鴉雀無聲的時候。有天晚上，他站在法院前臺階的最高處講道，這臺階位於市場中段和第二大街西端相交的十字路口。兩條街被聽眾擠得水泄不通，到處都站滿了人，我站在市場街最後面的人群中。我心生好奇，想知道他的聲音到底能傳多遠，於是順著街向河的方向退，一直快退到濱河街[7]，他的聲音依舊清晰可聞，後來街上的一陣喧鬧聲才把它壓下去。當時我想像以我和他之間的距離為半徑畫一個半圓，裡面站滿了聽眾，一個人約占二平方英尺，算起來有三萬多人能聽到他的聲音。報上報導他在露天場地為兩萬五千人講道，古代歷史上也有將領為全軍慷慨陳詞的記載，對於這些我曾有過懷疑，現在我相信了。

由於常聽他布道，我逐漸能輕而易舉地將他新作的布道文與在旅行過程中常常宣講的布道文區分開。後者由於屢屢重複，不斷改進，以致聲音抑揚頓挫，達到爐火純青的境界。就算對主題不感興趣，光聽演講也心曠神怡，就像聽了一段優美的音樂。這就是巡迴傳教士的優勢，固定傳教士望塵莫及，因為後者無法藉由如此多的演練來改進自己的演講。

他的寫作和出版卻常常給對手攻擊的機會。演講時口無遮攔，甚至觀點有誤，都可以隨後解釋，或者偷換概念含糊其辭，或者乾脆矢口否認。然而 **litera scripta manet**[8]，批評者猛烈抨擊他的文章，表面上振振有詞，目的就是要減少他的門徒數量。我有這麼一種看法：如果他不寫任何東西，他反而會有人數更多、更有重要性的教派。即使在他辭世後，他的名聲也許還會蒸蒸日上；因為沒有文章，就不好挑剔；沒有文章，就無法貶低他的人格。他的追隨者可以隨心所欲替他樹碑立傳，全看他們熱烈崇拜的心理需要。

那時候，我的生意愈做愈大，日子也過得一天比一天好。我的報紙很賺錢，一度幾乎是本地區和相鄰地區唯一的報紙。對這句至理名言我深有體會：第一個一百鎊賺到手，再賺一百鎊就很容易。錢生錢，利滾利，天經地義。

由於和卡羅來納合夥的生意十分成功，我大受鼓舞，便想再接再厲，於是提拔幾名表現好的工人，讓他們在各個殖民地建立印刷所，條件與卡羅來納一樣[9]；大多數都管理得不錯，等到六年的協議期滿後，都有能力買下我的鉛字，繼續獨立經營，可以養活好幾個家庭。合夥經營容易產生口角，鬧得不歡而散，但我在這方面十分愉快。我的合夥生意從進展到結束都一團和氣，這應該歸功於採取預防措施，事先在條款中把一切都規定得清楚明白，彼此該做什麼，可以得到什麼，沒有任何可爭執的餘地。因此我向所有經營合夥生意的人推薦這種預防措施，因為在簽訂合約時無論雙方多麼互敬互信，在生意的管理和負擔上總會有不一樣的想法，難免會產生猜忌和厭惡，這就往往造成友誼破碎、恩斷義絕，也許還得對簿公堂，造成其他種種不愉快。

整體來說，我對自己在賓夕法尼亞成家立業感到滿意。然而有兩件事我卻深感遺憾：這裡沒有防衛措施，也沒有完善的青年教育機制；也就是沒有民兵，沒有學院。因此我在一七四三年草擬一份建立學院的建議[10]，我認為當時賦閒在家的彼得斯牧師先生[11]是主管該機構的合適人選，所以我將這計畫告訴他。然而也許他認為替領主們[12]效力更有利可圖，所以他婉拒了這個任務。由於找不到其他可以受此委託的合適人選，這項計畫只好暫時擱置。第二年，即一七四四年，我建議成立一個科學學會，這個計畫取得較好的成效。我為此寫的文章可以在我的作品集找到[13]。

說到防衛，幾年來西班牙跟英國一直打仗，後來法國也加入，這使我們處境更加危險[14]。我們的總督湯瑪斯[15]做了長期艱苦的努力，試圖說服貴格會議會通過一條民兵法，並為確保地區安全採取別的措施，但這些努力統統泡湯。於是我決定嘗試，看自願的民間社團能做些什麼。

我先撰寫、出版了一本小冊子，名為《明白的真相》，我將毫無防衛的局面在書裡說得透徹明白，並說明聯合訓練對於防衛的必要性，建議成立一個社團，廣泛徵求簽名加入[16]。小冊子產生一鳴驚人的效果，我被召去草擬社團章程，跟幾個朋友擬好章程草稿以後，便在前面提到的那座大樓召開市民會議，樓裡坐得滿滿。我事先印好章程，屋子裡到處擺放著筆墨。我直接切入主題，宣讀章程，並做了一番解釋，然後把章程發下去，大家簽名踴躍，沒有一點異議。

散會以後，我回收章程，發現有一千二百多人簽名；另外鄉下也發了一些，簽名贊成者最後達到一萬多。這些人自備武器，組成聯合團，選好長官，每星期集合學習操練和一些軍訓項目。婦女也透過募捐，準備錦旗贈送各個連隊，旗上還畫上我提供的各種圖案和口號。

這些連組成費城民兵團，連長們選我當上校團長；不過我認為自己並不合適，因此謝絕這個職位，並推薦勞倫斯先生[17]擔任；他是一個出色的人物，又有威望，因此得到任命。然後我建議發行彩券以支付在城南修建炮臺和安裝大炮的開銷，錢迅速湊齊，炮臺也建起來了。臺墩以圓木為框，裡面用土填實。我們從波士頓買了幾門舊炮，但還不夠用，便寫信到英國再訂購幾門，同時又請求我們的領主們提供幫助，儘管未抱多大希望。

在此同時勞倫斯上校、威廉．艾倫、亞伯拉罕．泰勒和我被派往紐約，任務就是向克林頓總督借幾門炮。他起初一口回絕，不願再談。但跟他的諮議會成員一起吃飯時，按照當地的習俗，痛飲過一巡白葡萄酒後，他漸漸鬆口，說可以借我們六門炮；又滿滿喝了幾杯之後，增加到十門；最後他興致一來，同意借十八門。這些都是高級大炮，能發射十八磅重的炮彈，還配備炮車，我們很快運回來安裝在炮臺上。英國與西、法交戰期間，民兵團成員每夜站崗，我也做為普通一兵定時定點換班值勤。

我積極參與這些活動深得總督和諮議會的賞識，他們對我十分信任，採取每一項措施都會和我商量，因為意見一致對大家有好處。請求宗教支持時，我建議訂一個齋戒日，以促進宗教改革，並祈求天佑我們的事業。他們接受了我的建議，但由於是本地區第一次齋戒，祕書起草公告沒有先例可循。我在新英格蘭受教育，那裡每年都會訂一個齋戒日，所以我便按照通行的格式草擬一份公告，譯成德文，再印成兩種文字在整個地區發布。這給各教派的教士一個影響各自的會眾參加組織的機會；如果不是因為和平很快到來，民兵團也許會在除貴格會以外的所有教派中遍地開花。

我有些朋友認為，我在這些事務中的活動，可能會得罪貴格會，因而失去在議會的影響，因為他們在議會中占了大多數。一位年輕紳士在議會裡也有些朋友，他想接替我當議會的祕書；於是告訴我，他決定在下次選舉中取代我，好心勸我先辭職，因為這比被罷免要體面多。我給他的回答是，我在某個地方讀到或者聽到有一位官場人物，他立下一條規矩，絕不伸手要官位，而當官帽落在頭上時，也絕不拒絕。

我說：「我贊成他的規矩，而且身體力行。另外補充：我絕不要官，絕不拒官，也絕不辭官[18]。如果要把我的祕書職位交給別人，必須自己從我手裡拿走，我不會自行放棄而損失我與對手抗衡的權利。」此後我再也沒聽到有人說這種話。後來選舉，我一如往常全票當選。長期以來，歷任總督和議會在軍備問題上爭論不休，讓議會很傷腦筋。諮議會的成員在這場爭論中和總督們一個鼻孔出氣，最近我又和這些人走得很近，議會對我這樣的做法十分反感，如果我能自覺地離開，他們也許會很高興；然而他們不能僅僅因為我熱心於社團就找人取代我，可是他們又找不出其他冠冕堂皇的理由。

其實我有理由相信，如果不要求他們參與的話，區防事務對任何議員都不是問題。而且我還發現很多人（比我想像中多得多）儘管反對侵略性戰爭，卻旗幟鮮明地支持防禦性戰爭。關於這個問題，出版的小冊子不在少數，有贊成，有反對，還有擁護防禦的優秀貴格會教徒所寫的，這足以使多數年輕教徒心悅誠服。

一件發生在消防隊裡的事使我對他們的世故人情有某種透徹的認識。有人提議把當時現有的六十英鎊存款購買彩券，以支持整修炮臺的計畫。按照規章，建議提出後必須開會討論，錢款才能動用。消防隊有三十名隊員，其中二十二名為貴格會會員，其他教派成員僅八名。我們八個準時到會，雖然我們認為有些貴格會會員贊同我們的意見，但沒有把握形成多數。

只有一名貴格會會員詹姆斯．莫里斯先生[19]反對這項措施。他對這建議深表遺憾，因為他說教友們[20]一律反對，這樣會製造不和，導致消防隊瓦解。我們告訴他，沒有這樣的道理；如果教友們反對，投票票數超過我們，遵照慣例，少數必須服從，也理應服從。

表決時間到了，有人提議投票表決。他同意我們照章辦事，但保證有些成員準備與會反對，要等他們現身才算公正。

當我們為此爭論不休時，一位服務生跑來告訴我，樓下有兩位紳士想跟我說話。我下樓發現是兩位貴格會成員。他們告訴我，他們八位剛好在旁邊一家酒館聚會，如果有必要，會來投票支持我們；不過他們希望我們能在沒有他們出席的情況下通過投票，因為他們如果來投票贊成此一措施，可能會導致與長輩和教友們的糾紛。

既然贏得投票已十拿九穩，我便上樓，先裝出躊躇的樣子，然後才同意往後延一個小時。莫里斯先生承認這樣是公平的，而他所謂持反對意見的教友一個也沒露面，他對此感到驚訝。一個小時之後，我們以八對一的票數通過決議，在二十二位貴格會成員中，八位準備投票支持我們，十三位缺席，表明無意反對。我後來估算貴格會教徒反對防衛是一比二十一，因為這些都是該會的中堅份子，名聲又好，而且接到在會上討論提議的正式通知[21]。

德高望重、學識淵博的洛根先生[22]一直屬於那個教派，他寫了一篇發言稿，向教友聲明他贊成防禦性戰爭，並提出許多有利的論證。他給我六十英鎊為修炮臺購買彩券[23]，並且叮囑不管中什麼獎，全部都要用在這件事上。關於防務，他告訴我關於他的老長官威廉．賓[24]的軼事。

洛根先生年輕的時候，當那位領主的祕書，一起從英國來。那是戰爭時期，他們的船遭到一艘據認為是敵方軍艦的追逐，他們的船長準備自衛；但是對威廉．賓和其他貴格會同伴說，他不指望他們幫助，但要求他們躲到船艙。只有詹姆斯．洛根寧可站在甲板，於是他被指派掌管一門大炮。結果證實所謂的敵人是一位朋友，當然也就沒有戰鬥。當洛根先生下去傳達消息時，威廉．

賓把他痛斥了一頓，因為他站在甲板參與保衛該船的任務，這跟教友會的原則背道而馳，尤其是船長沒有提出要求的情況下。如此當眾訓斥，讓洛根先生下不了臺，他回答說：「我是您的下屬，您為何不命令我下去？當您認為危險在即的時候，您是希望我在上面幫助戰鬥的吧？」

我在議會任職的多年裡，貴格會會員在議會中一直占多數，每當政府根據國王提供軍援的命令向他們提出申請時，他們的反戰原則使他們陷入左右為難的窘境。一方面，不願意斷然拒絕，得罪政府；另一方面，也不願意違背自己的原則，得罪貴格會的大批教友。於是他們千方百計逃避，無法逃避時，常用的辦法就是以國王專用的名目撥款，卻從不過問這筆款項用於何處。

如果需求不是直接來自國王，這個名目就欠妥了，只好再編一個。當需要火藥時（我想是路易堡要塞用的[25]），新英格蘭政府請求賓夕法尼亞提供一些，湯瑪斯總督敦促議會成全此事，但他們就是不肯撥款購買火藥，因為火藥是戰爭的要件。但他們投票援助新英格蘭三千英鎊，交給總督購買麵包、麵粉、小麥或其他東西。諮議會的一些成員想讓議會困窘，便勸總督不要接受這筆糧款，因為這並不是他所要求的東西。但總督回答：「到手的錢怎能不要？我明白他們的用意，其他東西指的就是火藥。」於是他買了火藥，他們也從來沒反對過。

在我們的消防隊裡，正當我們害怕購買彩券的提議難以通過的時候，我曾對消防隊隊員辛格先生[26]說：「如果不通過，就提議用這筆錢買一個火器，貴格會隊員一定不會反對。然後，我提名你，你提名我，兩人組成採購委員會，就可以買一門大炮，這當然是一種火器。」

他說：「你長期在議會裡做事，果然增長了本事；這模棱兩可的計畫，可與他們的小麥和其他東西相媲美。」

貴格會信徒之所以吃盡左右為難的苦頭，是因為他們確立並公布「任何戰爭都不合法」這項原則，一經公布，就算可以改變主意，也不好輕易摒棄。這使我聯想起另一個教派，登卡爾派，他們就比較慎重。這個教派出現後不久，我結識創建人之一邁克爾．韋爾菲[27]。他向我抱怨他們遭到其他教派的狂熱信徒惡言中傷，感到十分痛心，他們的原則和實踐被加上莫須有的罪名。

我告訴他新教派總會遇到這種情況，為了制止這種無端的詆毀，不妨把自己的信條和戒律公之於眾。他說有人也提過這樣的建議，但未能達成共識，理由如下：

「我們起初被吸引形成一個教派時，上帝感到高興的是能把我們的心靈照得如此亮堂，從而看出某些一度被奉為真理的教義原來是謬誤，有些被視為謬誤的東西反而是真理。能不時地為我們提供更加遠大的光照，上帝一直感到欣喜，所以我們的原則一直在改進，謬誤一直在減少。現在不能肯定已經到達前進的終點，達到靈知或神學的完善，我們擔心如果把自己的信條刊印出來，會捆住手腳，會不思進取；後繼者更會墨守成規，把前輩和首創者完成的一切奉為金科玉律，必須字字句句照辦，不可有半點差池。」

一個教派如此謙虛謹慎，史無前例；別的教派都認為集一切真理於一身，誰若差之毫釐，必定謬以千里。猶如一個人在霧裡行走，他看見走在身前身後有一定距離的人，都在霧裡，左右兩邊的人也是如此；但他跟前的人個個顯得清晰可辨，其實他在別人眼裡也同樣罩在霧裡。為了避免這種尷尬，近年來，貴格會會員逐漸請辭議會和行政部門的公職，寧可不要權力，也不肯放棄原則[28]。

如果按時間順序，我前面就該提到這件事，我在一七四二年發明一種敞口壁爐，這種火爐不僅能使房間更加暖和，而且可以節省燃料，因為新鮮空氣一進來就被加熱。我做了一個模型作為禮物送給我的老朋友羅伯特．格雷斯先生。他有一台煉鐵爐，發現為這種火爐鑄造鐵板是個能賺錢的生意，因為人們對這種壁爐的需求愈來愈大。為了擴大需求，我撰寫並發行一本小冊子，標題為《新發明賓夕法尼亞壁爐說明書：詳述構造與使用方法；優於任何房間取暖方法之演示，反對使用意見之回答與消除等》[29]。這本小冊子產生良好的效果。湯瑪斯總督對我描述的爐子構造十分欣賞，主動提出給我在幾年期限內獨家銷售的專利權，但我謝絕了。因為我很看重一條原則：我們享受著別人發明帶來的巨大好處，有機會用自己的發明為別人服務也應當高興，所以應無償、慷慨地去做。

然而，倫敦的一個五金商人[30]竊取我冊子裡的許多內容，改頭換面變成他自己的東西，又在機關上做了變動，結果損害壁爐的功能，但他卻拿到倫敦的專利權，據說因此發了一筆小財。

這並不是別人利用我的發明取得專利的唯一事例，儘管不是每次都同樣成功。我從來不抗爭，因為無意利用專利賺錢，也討厭爭得你死我活。這種壁爐在本地區和其他地區很多人家使用，居民從過去到現在節約了大量木柴。

和平終於實現，民兵團事務因而結束，我把心思轉向建立學院的事情上。第一步就是聯絡一些積極活躍的朋友，大部分是共圖社成員。先設計出藍圖，下一步就是編寫、印行小冊子，名為《關於賓夕法尼亞青年教育的一些建議》[31]。我免費發送給有影響力的居民，他們經過仔細閱讀，在思想上有所準備後，我就立即著手為開辦學院進行募捐。捐款為五年期，每年付一定的金額；我想分期付款的方式捐款金額也許會大些，而事實證明的確如此，總數不少於（如果我沒有記錯）五千英鎊[32]。

在冊子的序言中，我聲明這不是我個人的行為，而是幾位富有公益精神紳士的舉動；按照我的慣例，盡量避免把自己表現成任何公益計畫的首創人。

捐款人為了使計畫立即付諸實施，選出二十四名受託管理人，指定當時的檢察總長弗蘭西斯先生和我草擬學院管理章程，起草完畢，簽字生效後，租了一幢房子，聘請幾位老師，便開學了，我想這是一七四九年的事情[33]。

學生增加迅速，校舍很快就太小，必須尋找一塊合適的空地，興建校舍。這時老天眷顧，眼前就有一幢現成的大房子，只要稍加整修，就可以達到使用目的。這就是前面提到為懷特菲爾德先生的聽眾建的那棟大樓，以下說明我如何取得這棟房子。

大樓建房款項由各個教派的人士捐助，房屋和場地全由推選出來的受託管理人負責管理，這些受託管理人中，任何教派都不占優勢，以免大樓成為該教派挪為己用的工具。因此每教派只委派一人，一名英國國教信徒，一名長老會信徒，一名浸禮會信徒，一名摩拉維亞[34]信徒等等，如有死亡造成空缺，從捐款人中透過選舉予以遞補。其中摩拉維亞信徒不討同事喜歡，因此他一去世，大家決定不要再用該教派的任何人。於是出現一個難題：如何用重新選舉的辦法避免某個教派有兩個名額。

提了好幾個人選，都因這個原因沒有達成共識。最後有人提到我，說我不僅為人誠實，又不屬於任何教派，就這樣選了我。大樓建成時的熱情早就冷卻，樓房受託管理人無法募集新的捐款繳場地租用費和償還欠下的債務，將他們弄得狼狽不堪。這時我成了樓房和學院雙邊的受託管理人，雙方有了協商的良好機會。最後雙方達成協定，樓房受託管理人將樓房轉讓給學院受託管理人，後者負責清償債務，並按照建樓的初衷，將樓房的一個大廳永遠向傳道的傳教士開放，同時開辦一所免費學校教育貧困兒童。

於是起草書面協議，學院受託管理人償清債務後，房產便歸其所有，隨後把高大的大廳分成兩層，樓上樓下的房間當作教室，接著又增購一些土地，設施很快全部到位，學生們搬進大樓。跟工匠們商談購買材料，監理工程，這些費力的任務全落在我肩上，但我做得興致勃勃，且沒有妨礙我的私人事務。因為我有一個能幹、勤奮、誠實的合夥人大衛．霍爾先生[35]，他的人品我十分清楚，因為他之前在我這打工四年。他接手印刷所的管理事務，定期給我分紅。我們合夥經營持續了十八年，非常成功。

不久之後，學院的受託管理人得到總督的特許證，組成法人團體，經費也增加了，因為有英國的捐助，又有領主捐贈土地，後來學院進一步擴大，於是現在的費城大學就此建立起來。我一開始就是受託管理人之一，到現在快四十年了，看到大批青年在此接受教育，增長知識，進而出類拔萃，擔任公職，為人民服務，為國家增光[36]，感到莫大欣慰。

當我從私人生意脱身之後，感到高興的是我已掙得一筆財富，不算多但完全可以自足，於是我就有閒情逸致研究科學，安享餘年。斯賓塞博士[37]從英國來這裡演講，我將他的儀器買下，做起電學實驗。然而大家認為我賦閒在家，都要我為他們效力；政府各部門幾乎同時給我強加某種職責。總督拉我進治安委員會，市政當局選我進市議會，不久又當市政務委員會的委員，全體市民推選我擔任地區議會的議員[38]。這個職務更合我意，因為我自己身為祕書沒有資格參與，對枯坐乾等、聽別人辯論感到厭倦，為了解悶，我畫了一些魔方、魔圈[39]之類的東西。我認為成為一個議員能夠增強我做好事的能力，我不會說我的野心沒有因為這些提拔而得到滿足，我確實感到很高興和滿意。因為考慮到自己出身低，這些職務對我來說都非同小可；更使我欣喜的是，這是大眾良好口碑的自發見證，不是我奔走乞求來的。

仲裁的職務我做了嘗試，出過幾次庭，審理過一些案件。但發現想在這職位上做出成績，我具備的法律知識不夠用。於是我逐漸退下來，藉口是我必須在議會中履行立法者更高的職責。這職務一年選一次，我連選連任，共任職十年，從不拉票，也不直接或間接地表示任何想當選的意願[40]。我在議會中取得席位後，我兒子就被指派為議會的祕書。

翌年，準備在卡萊爾[41]與印第安人討論一項條約，總督通知議會，指定幾名議員與幾名諮議會的成員共組談判委員會。議長（諾里斯先生）和我得到委派後，便前往卡萊爾會見印第安人。

這些人嗜酒如命，一喝就喝得爛醉，大吵大鬧，亂成一團，所以我們嚴禁賣酒給他們，他們對這項禁令頗有微詞。我們告訴他們，如果在條約商訂期間不喝酒，事後會給他們大量的甜酒。他們答應，也沒有食言（因為他們弄不到酒），條約談判進行得很順利，最後結果雙方都很滿意。然後他們當然也拿到酒，這是當天下午的事情。男女老幼將近百人，住在鎮外臨時的棚架裡，木柵圍成一個方場。

到了晚上，談判委員們聽見喧聲震天，便出去看怎麼回事。結果發現他們在方場中央燃起營火，不管男女都喝得醉醺醺，吵鬧打鬥。在營火中只見他們深色的身體半裸著，舉著火把追趕、打鬥，伴隨著可怕的喊叫聲，場面可怕，活像想像中地獄的景象。這混亂一時無法平息，我們只好回到住處。三更半夜，有些人跑來敲門，還要甜酒，我們只能置之不理。

第二天，他們意識到前晚的胡鬧造成我們很大的困擾，便派三位老顧問替他們賠罪道歉。那位辯士承認錯誤，但又歸罪於甜酒；接著又力圖為酒開脫，說：「造物者的偉大精神使萬物各有其用，無論祂為各物設計的用途如何，應當永遠如是使用；在祂造甜酒的時候便說，讓它成為印第安人的陶醉之物，而且必須如此。」

確實，如果天意要滅絕這些野蠻人，好為土地墾殖者騰出地方，甜酒就是必須的手段，甜酒已經把原來沿海一帶的部落消滅乾淨了。

一七五一年，我一位特別的朋友湯瑪斯・邦德[42]醫生想在費城建立醫院，收治本地或外地窮苦的病人。這是一件功德無量的計畫，一直有人歸功於我，但這其實是他先提出的。他努力籌集捐款，表現得熱情又積極；但這項計畫在美洲尚屬新奇，人們無法理解，所以他到處碰釘子。

最後他來找我，開口就是一番恭維，說他發現要推行公益計畫，沒有我的參與根本行不通；他說：「我募捐的對象常問我，這事你跟富蘭克林商量過沒有？他怎麼想？當我告訴他們沒有（因為推想這跟你的職業不相關）時，他們就不捐，只說願意考慮。」

我詢問關於這項計畫的性質和用途，得到一番非常令人滿意的解釋，我不僅捐款，還熱心提出向別人募捐的方案。在開始募集之前，我就這個問題寫了篇文章發表在報紙上，使大眾有個先備思想，這是我一貫的做法，他卻忽略了這點[43]。

此後捐款有顯著增加，但不久又逐漸衰退，我看出沒有議會的援助，這些捐款一定不夠，於是我建議請求議會撥款，後來也成功了。但起初鄉村議員並不贊成，他們認為這項計畫只有城市受益，所以只能讓市民出錢；他們也懷疑市民是不是都贊成這項計畫？我提出相反意見，認為該計畫大受歡迎，要籌集兩千英鎊的志願捐贈是輕而易舉，但他們認為這簡直是異想天開，完全不可能。

針對這個問題，我提出一個議案將捐款人按議會的請求組成法人團體，先給他們開一張空白票據。這一要求得到許可，主要出於這樣的考慮：議會要是不喜歡這項議案，就可以否決。於是我起草這項議案，將重要條款寫成附條件條款，即「下列條件得到滿足，本議案方能被立法機構通過。捐款者須開會選出其經理與財務主管，須透過捐贈，籌募一筆資金，價值兩千英鎊（其年息應用於該醫院免費收容貧苦病人之伙食、看護、診療與藥品），並須得到議會議長的確認，屆時本議案對該議長方算合法；他由此需要簽發命令，責成本地區司庫向該醫院財務主管撥付兩千英鎊款項，分兩年付清，以供該醫院奠基興建、裝修之用」。

這條件促成議案通過，因為反對撥款的議員認為不花半毛就可以贏得樂善好施的美名，何樂不為。隨後向人們募捐的過程中，我們把法律有條件的許諾當作追加動機加以推動，如此每個人的捐款將會倍增。於是這項條款起了交互作用，捐款很快超過必要的金額，我們要求政府的贈款如願拿到，這使我們有能力將計畫付諸實施。

不久一棟便利、漂亮的大樓平地而起，通過時間的考驗，人們發現這個機構十分有用，直到今日還是欣欣向榮。我不記得用過什麼政治手腕，這次的成功使我喜出望外。事後想想，我愈來愈容易為自己略施狡計、巧妙成事的做法辯解了。

就在這時，另一個計畫者吉伯特．坦南特[44]牧師找上門，要求我協助他為興建新會堂募集資金。會堂要給一批他在長老會信徒中召集起來的教友使用，這些人原本是懷特菲爾德先生的門徒。我不願意三番兩次請求市民捐錢，容易引起反感，便一口拒絕。於是他希望我給他名單，把我認為樂善好施、富有公益精神的名單提供給他。過去他們對我總是慷慨解囊，現在如果我讓別的人去募款，我覺得太說不過去，所以也拒絕給他名單。最後他希望我起碼能給他點建議。

我說：「首先，我勸你向你知道願意出錢的人募捐，然後向你不確定會不會給錢的人募捐；最後，不要忽略那些你認為是一毛不拔的鐵公雞；因為有些人你也許錯看。」他大聲笑了，千恩萬謝，說他會接受我的勸告。他真的照做，請求了每個人；得到的款項比預期多得多，他用這筆錢建了一座寬敞、雅致的會堂，至今仍矗立在拱門街上。

我們這座城市雖說布局方正，外貌美觀，街道寬闊筆直，相交都形成直角，但有些街道長期沒有鋪路面，下雨天重車的輪子把路壓爛，使人舉步維艱。天乾氣燥時又塵土飛揚，教人吃不消。我曾在澤西市場附近，看見居民們踩過泥漿買東西，感到痛心疾首。市場中央的地面上終於鋪磚，這樣進了市場，總算有塊落腳的地方，但人們到那裡時已經是滿鞋爛泥了。

我就這個問題表示過意見，也寫過文章，總算沒有白費工夫，市場和房屋兩邊磚面人行道之間的街道鋪上了石頭。這樣過了一段時間，人們進入市場不會把鞋子濺溼。然而其餘路段並沒有鋪，所以每當車輛從泥漿出來經過這片有鋪的路面上時，車一顛，把泥漿撒得滿街道都是，很快又成了一條泥街；由於城裡沒有清潔工人，所以清除不掉。

經過一番打聽，我找到一個勤快的窮人，他願意擔當起清掃路面的任務，一星期掃兩次街，把家家戶戶門前的垃圾運走，每家每月給他六便士。

隨後我寫了一篇文章發表在報紙上，告訴大家這小小的開銷能帶來多大效益；由於人們鞋子乾淨，不會把泥土帶進屋內，容易保持店內的清潔，因此吸引更多顧客、得到更高利潤；前去買東西的人也更方便，風大時商品不會都是灰塵等等。

每戶送一份報紙，一、兩天之後，我前去了解誰願意簽協議交六便士，結果每戶都簽了，而且執行良好。市場周圍的路面乾乾淨淨，城市居民莫不喜出望外，人人都覺得方便；於是產生一個普遍的願望，想把每條街道都鋪上磚面；這也使大家更願意為此繳納稅款。

過了一段時間，我起草為全市鋪路的議案，提交給議會。正好在一七五七年我去英國之前[45]，直到我離開議案才通過，當時在攤款方式上有所改動，我認為並不見得好，但不僅鋪街還有照明的附加條款，這倒是一大改進。

一名百姓，已故的約翰．克利夫頓先生[46]，在自家門口裝了一盞燈做示範，表明有街燈的好處，人們這才有整個城市照明的想法。有人把這公益事業的榮譽也加到我身上，其實是屬於這位先生，我只不過跟隨他的步伐罷了。我唯一的功勞在改動燈樣，這跟最初從倫敦買來的球形燈不同，那些燈有諸多不便，因為空氣從下面進不來，煙就不容易從上面出去，只能在球體內循環，附著在內壁上，很快就把亮光擋住。所以每天都要把燈擦乾淨，而且一不小心就會打破。

於是我建議用四塊平面玻璃組成方形，上面裝一個煙囪把煙吸上去，下面留縫隙讓空氣進來，煙就容易排出去，燈也就可以保持乾淨，不會像倫敦街燈過幾個小時就變暗，而是一直到天亮都光明燦爛。偶爾撞一下，也只會打破一塊玻璃，容易修補[47]。

我有時心裡納悶，沃克斯霍爾[48]的球形燈底部有效應孔，使燈保持乾淨，為什麼倫敦人不學習在街燈底下也留孔呢？不過之所以開這些孔，目的是借助從孔洞裡垂下來的蔴線把火送到燈芯上，關於進氣的用途從未想過。因此，倫敦街燈點亮沒過幾個鐘頭，街道就會十分昏暗。

提到這些改進，我回想起在倫敦時給福瑟吉爾博士[49]提出的建議，他是我認識最優秀的人士之一，是一些偉大計畫的宣導者。

我注意到這裡的街道不下雨的時候從來沒掃過，塵土飛揚，人們任憑塵土愈積愈厚，直到下雨化為泥漿；沒過幾天泥土就會積得很厚，如果不掃出一條小道，人就走不過去。人們費盡九牛二虎之力將泥土倒進車裡，車子在路上每顛一下，稀泥就從車子兩邊掉出來，給路人平添不少煩惱。滿街塵土之所以不掃，就怕揚到商店和住宅的窗戶裡去。

一個偶發事件讓我明白一點時間能掃多少路面。一天早晨，我在儒夫街[50]住處的門口，看到一名窮苦女人用掃帚清掃我門前的路面。她顯得非常蒼白、虛弱，好像剛生過一場大病。我問誰僱她掃街？她說：「沒有人僱我，我窮得很，生活艱難，所以想在富貴人家門口掃街，希望他們能給點什麼。」我請她把整條街打掃乾淨，然後給她一先令。當時是九點，十二點她就來要錢了。起初看她動作那麼慢，所以不相信她這麼快就掃完，我便請僕人去檢查，僕人回報整條街打掃得一乾二淨，土全倒進街中央的排水溝。之後如果下場雨就能把土沖走，如此路面、水溝都非常乾淨。

於是我斷定，如果一個弱女子在三個鐘頭將一條街掃乾淨，那麼一個壯漢用一半的時間就可以做完。在這裡讓我說明，在狹窄的街道中央修一條排水溝要比在兩邊靠近人行道的地方各修一條更為便利。因為一下雨，街兩邊的雨水會流到中央，形成一股激流，可以把所有泥土沖走；但分成兩邊，水勢太弱，沖洗不乾淨，只會把裡面的泥土變成泥漿；車輪滾滾，馬蹄答答，將泥漿濺到人行道上，弄得又髒又滑，有時還濺得路人一身。於是我向一位好心的博士提出以下的建議：

「為了更有效清掃並保持倫敦和威斯敏斯特街道的清潔，茲建議與幾名巡夜者簽合約，委任他們找人在乾季清掃灰土，在雨季剷除泥巴，每人負責自己巡邏的幾條街巷。配備專用的掃帚和其他適當工具，保存在各自的崗亭，供掃街人隨時使用。」

「在乾旱的夏季，必須在商鋪和住宅開窗之前把塵土掃成堆，土堆與土堆之間保持一定距離，等清道夫用加蓋的大車運走。」

「剷起的泥巴不可成堆放著，避免車輾、馬踏又散開；清潔工配備的車廂不可高高架在車輪上，應低低地擱在滑臺上；廂底應為柵格狀，鋪上麥草，可盛泥巴又可讓水滲漏出去，可大大減輕重量，因為水是泥巴裡最重的部分。這些車廂放置以方便為宜，泥巴用推車運過來裝入廂中，把水排乾，再由馬匹把車廂拖走。」

我對此項建議的後半部分是否可行有所懷疑，因為有些街道太窄，放置盛泥排水滑動架難免會阻礙交通。但我認為前半部分，也就是要求在商鋪開門營業之前把塵土掃起來運走，在晝長夜短的夏天確實可行。因為一天早晨七點鐘，我在濱河路和艦隊街散步，注意到太陽出來已經三個鐘頭，還沒有商店開門。倫敦的居民寧願在燭光下生活，在日光下睡覺；又常抱怨對蠟燭課稅，燭油價太高，真是有點荒唐。

也許有人認為這些小事不值一提，何必放在心上。儘管風大灰塵吹進眼睛，或者吹入店鋪，不過一樁小事；然而在人口眾多的城市裡，這樣的事例不計其數，層出不窮時，就事關重大了，他們就不會痛斥那些人吹毛求疵，小題大做。

人因把握千載難逢的機會而得幸福者寥寥可數，由日積月累的小惠而生者比比皆是。你若教一個窮小子如何刮鬍子，如何保養剃刀，也許你對他一生的快樂做出的貢獻勝於給他錢。錢會花光，只剩下胡亂花用的悔恨。但若教會他刮鬍子，免除一連串的苦惱，不必苦苦等待理髮師，不用碰他們髒兮兮的手指，不用聞他們臭烘烘的氣息，不必忍受他們硬刮的疼痛；想什麼時候刮鬍子，全看自己的方便，工具順手，操作自如，天天享受著這樣的樂趣。

懷著這些想法，我貿然寫下前面幾頁東西，希望能給城市提供一些有朝一日能派上用場的建議。我在這座城市生活多年，非常快樂，深深愛上它；這些建議也許對美洲的其他城鎮也有用處。

有一個階段，美洲郵政管理局局長僱我當他的審計官，管理好幾個郵局並聽取其他官員的彙報。一七五三年他去世以後，英國郵政大臣委任我和威廉·亨特先生共同接替他的職務[52]。

至今，美洲郵局從沒向英國上司繳過任何款項。如果能從郵局的利潤中抽出這個金額的話，我們兩人的年薪共計六百英鎊。為了做到這點，需要進行各種改進；起初不可避免地費錢；所以頭四年，郵局欠我們的薪水在九百英鎊以上，但很快就開始償還，在我被郵政大臣突發奇想免職之前（這一點我後面再講），我們已經使郵局向英王繳的淨收入等於愛爾蘭郵局的三倍。從那次輕率的決定之後，他們連一毛也沒拿過。

這一年，郵局的事務使我去了一趟新英格蘭，那裡的劍橋學院主動授予我文學碩士學位，康涅狄格的耶魯學院以前給我同樣的禮遇[53]。我雖然沒有上過大學，卻享受到這些殊榮。這些學位之所以授予我，是因為我在自然科學的電學領域有過改進和發現。

注解

【1】喬治·懷特菲爾德（一七四一至一七七〇），一位狂熱的加爾文教派傳教士，在被稱為「大覺醒」的宗教復興期間到美洲負責福音教會傳教使命。

【2】伊斯蘭教教法說明官。

【3】建築叫「新樓」。後來被費城學院（即後來的賓州大學）占用。該建築就是為新教禮拜而設計，富蘭克林這種說法有點誇大其詞。

【4】湯瑪斯·霍普金森（一七〇九至一七六一），共圖社成員，富蘭克林做電的實驗時的同事。美洲科學

學會的第一任會長。

【5】富蘭克林印過懷特菲爾德的八冊日記和收有他的布道文和其他作品的九本書，幾乎都在一七三九年至一七四一年間發行。

【6】約翰．史帝芬．貝尼澤特（一六八三至一七五一）來到費城時是個貴格會教徒，但搬到德國時改信摩拉維亞教派或聯合弟兄會教派。富蘭克林與懷特菲爾德的書信（現不存）來往也許是一七四五年。

【7】離法院臺階約五百英尺。富蘭克林高估人群的規模。懷特菲爾德吸引的聽眾在六千到八千之間。這對於一個約有一萬人口的城市來說，仍然十分可觀。

【8】摘自中世紀拉丁名言：**vox audita perit, litera scripta manet**.（說的話無影無蹤，寫的字永世長存。）

【9】富蘭克林說明在紐約、新港、南卡羅來納的查爾斯頓、賓夕法尼亞的蘭開斯特和英屬西印度群島的多米尼亞和安提瓜兩島上建立了印刷所。

【10】該建議已不可考，但顯然包括利用為懷特菲爾德修建的「新樓」方案。

【11】理查．彼德斯（約一七〇四至一七七六）被稱為「賓夕法尼亞最有學問的人」。

【12】指賓夕法尼亞殖民地的創建者和第一代領主威廉．賓（一六四四至一七一八）的後代。

【13】名為「在美洲英屬殖民地提倡有用知識的建議」（一七四三年五月十四日）。也許這個創意來自植物學家約翰．巴特拉姆。「美洲科學學會」是北美第一個學術性學會。富蘭克林和傑弗遜擔任過前期會長。

【14】大不列顛一七三九年對西班牙宣戰，一七四四年對法國宣戰。一七四七年法國和西班牙武裝民船在特拉華灣出現，引起遭到進攻的恐懼，一七四八年達成亞琛和約的消息傳到費城，恐懼才結束。

【15】喬治．湯瑪斯（約一六九五至一七七四），一七三八至一七四七年任賓夕法尼亞總督。

【16】《明白的真相；或費城市及賓夕法尼亞地區現狀之嚴肅考量》，「費城一商人」著（一七四七年十一月十七日）。

【17】湯瑪斯・勞倫斯（一六八九至一七五四），紐約人，他其實是費城民兵團的中校。亞伯拉罕・泰勒是上校。

【18】儘管富蘭克林發誓絕不要官，卻在一七三六年向議會申請祕書一職，在一七五一年申請郵政管理局副局長一職。

【19】詹姆斯・莫里斯（一七〇二至一七五一），費城傑出的貴格會信徒、議員、北美第一家收費圖書館會社的成員。

【20】貴格會又稱「教友會」。和平主義是他們的一項基本信條。

【21】還有一家消防隊也買了彩票，但第三家由於貴格會教徒占多數，以十比三的票數決定不買。

【22】詹姆斯・洛根（一六七四至一七五一），殖民地政治家。他於一六九九年做為威廉・賓的祕書來到費城，監管賓的事務達五十年。儘管他是一位虔誠傑出的貴格會會員，但他相信防禦性戰爭是正義的。

【23】實際上是兩百五十英鎊。

【24】威廉・賓（一六四四至一七一八），賓夕法尼亞的創建者和領主。

【25】路易堡，在布雷頓角島上，建於一七二〇年，以防從海路入侵聖羅倫斯河。新英格蘭軍隊於一七四五年占領。一七四八年按亞琛和約歸還法國。在一七五四至一七六三年的法國與印第安人戰爭中也很搶眼。

【26】菲力浦・辛格（一七〇三至一七八九），共圖社成員，銀匠。

【27】正確的名字應為邁克爾・沃爾法特（**Michael Wohlfahrt**，一六八七至一七四一），賓夕法尼亞埃夫拉塔安息浸信會領袖。「登卡爾派」（源於德文**Tunkers**，意為「受浸者」）是信奉領受全身浸入水中洗禮的德國浸禮宗教會（又叫友愛會）的綽號。這些信徒於一七一九年來到賓夕法尼亞。

【28】一七五六年，有十名貴格會和平主義者，辭去賓夕法尼亞議會裡的職務，有三名拒絕參加競選。

【29】富蘭克林於一七四四年初次為這本小冊子做廣告。他早在一七三九至一七四〇年的冬天就使用這種壁

爐。這種壁爐減少從煙囪溢出的熱量損耗，富蘭克林聲稱，這種壁爐比傳統敞口壁爐能使房間「溫暖一倍……只用四分之一的木柴」。他原創的壁爐已經失傳，現代的「富蘭克林壁爐」與原來的相差甚遠。

【30】此人可能是一個名叫詹姆斯．夏普的人。

【31】一七四九年印行。小冊子宣導實用的世俗教育，旨在培養為人類服務的渴望與能力。

【32】原來認捐的總額約為兩千英鎊。富蘭克林一年認捐十英鎊。

【33】實際上是一七五一年才開學。

【34】又稱「聯合弟兄會」，基督教新教的一個派別，起源於捷克的摩拉維亞。

【35】大衛．霍爾（一七一四至一七七二），富蘭克林的合夥人，一名蘇格蘭印刷商，他受富蘭克林的邀請來到費城。

【36】學院於一七五三年取得第一個特許證。於一七五五年改為費城大學，一七六五年改為賓夕法尼亞大學。富蘭克林擔任受託管理人直至去世。

【37】應為阿奇博爾德．斯賓塞（Archibald Spencer，約一六九八至一七六〇），常做電學方面的巡迴演講，一七四三年富蘭克林在波士頓聽過他的演講。

【38】富蘭克林於一七四九年任治安推事，一七四八年任市議員；一七五一年任市政務員會委員，一七五一年任地區議會議員。

【39】富蘭克林一七五二年在給彼得．柯林森的信中，對他的魔方和魔圈做了描述。魔方這樣安排：每一行，不管橫的、豎的、斜的，總數都相等。魔圈是把一些數字按規定排列成一個圓形，這些數字加起來等於一百八或三百六。

【40】富蘭克林年年連選，直至一七六四年，他經過激烈競爭失敗。儘管沒有直接拉票，他讓別人替他努力爭取，在政治上他全心地投入。

【41】在賓夕法尼亞。

【42】湯瑪斯・邦德（一七一二至一七八四），富蘭克林的醫生。

【43】富蘭克林呼籲支持醫院的文章發表在一七五一年八月八日和十五日的《賓夕法尼亞報》上。爾後他把這些資料整理為一本冊子，題名《關於賓夕法尼亞醫院的一些說明》（一七五四）。

【44】吉伯特・坦南特（一七〇三至一七六四），新澤西新布倫瑞克的長老會牧師，喬治・懷特菲爾德於一七四〇年的大覺醒運動的同道。

【45】富蘭克林作為賓夕法尼亞議會的代理前往英國與湯瑪斯和理查・賓商談對領主領地和其他地產徵稅的事宜。

【46】約翰・克利夫頓（？至一七五九），貴格會教徒，藥店老闆。

【47】富蘭克林設計的路燈現在仍然矗立在費城的獨立廣場。

【48】倫敦附近的花園和娛樂園。

【49】約翰・福瑟吉爾（一七一二至一七八〇），倫敦的貴格教派領袖，富蘭克林在倫敦時的醫生。在美國革命開始前他和富蘭克林合作想達成各殖民地與宗主國之間的和解。

【50】在倫敦的查令十字街附近，富蘭克林在那裡住了十五年（一七五七至一七六二，一七六四至一七七五）。

【51】威廉・亨特（？至一七六一），《佛吉尼亞報》的承印出版人。一七五三年富蘭克林和他被任命為郵政管理總局副局長。富蘭克林於一七七四年失去這一皇家委任的職務。

【52】富蘭克林對這兩件事記憶有誤。哈佛（即劍橋學院）一七五三年七月二十五日給他榮譽稱號；耶魯是七個星期之後，即九月十二日。

第十章

一七五四年，對法戰爭有如箭在弦上不得不發之勢。商務大臣命令各殖民地派專員在奧爾巴尼召開大會，與六部落首領共商保衛疆土大計[1]。漢密爾頓總督接到命令後，便通知議會，準備在這種場合送給印第安人的得體禮品[2]；並提名議長（諾里斯先生）、我、湯瑪斯．賓先生[3]和祕書彼得斯先生[4]一同作為賓夕法尼亞專員與會。議會批准提名，備好禮品，儘管他們不太喜歡到外地談判。我們會齊其他專員，大約在六月中旬在奧爾巴尼開會。

在赴會途中，我提出並起草一項計畫，要求所有殖民地為了防務和其他重大整體目的的需要，聯合起來歸一個政府領導。途經紐約的時候，我把計畫讓詹姆斯．亞歷山大先生[5]和甘迺迪先生[6]過目，這兩位精通公共事務，他們的肯定鼓舞我，於是大膽提交給大會。

當時有好幾位專員都制訂了同樣的計畫，首先提出來討論就是是否應當成立聯盟，結果一致肯定，全體通過。

於是指定一個委員會，一個殖民地派一名委員，針對幾項計畫進行審議並提出報告，恰巧我的計畫受人賞識，經過幾點修改，便參與會議。按照計畫，聯合政府應由一位總統和一個大諮議會管理，總統受英王委任、支持，大諮議會則由各殖民地的人民代表在各自議會中選舉產生。關於這個問題每天持續在大會辯論，還有關於印第安人的事務。反對和困難層出不窮，但最終一一克服，計畫得到一致認可。副本遵照命令，呈交給商務部和各殖民地議會。

這計畫命運多舛，各議會都不採納，認為計畫裡王權太多；在英國又被認定民主過甚[7]。因此商務部沒有同意，也沒有呈報英王。但卻形成另一個計畫（據認為能夠更好達到這目的），按照這計畫，各殖民地總督與諮議會成員可以開會裁定徵召軍隊、修建堡壘等事宜，開銷從英國國庫提取，以後遵照議會對美洲徵稅法返還。我的計畫及支持該計畫的理由，可以在我的政論文集中找到[8]。

由於到了冬天還在波士頓，我便跟謝利總督[9]多次議論這兩個計畫，我們關於這個問題的討論也可以在這些文稿中看到。

對我計畫不滿的種種理由反而使我覺得這確實是一條必經之路。我現在依然認為，如果採納，大洋兩岸莫不欣喜。殖民地聯合就有足夠的力量自衛，不須從英國派軍隊過來；後來向美洲課稅的藉口和由此引起的流血抗爭都可以避免。然而這類錯誤並不稀奇，歷史上貴族王公犯的這類錯誤真是罄竹難書。

將茫茫人間用眼一掃，知善行善者何其稀少[10]。

執政者手裡事務紛繁，一般不喜歡自找麻煩考慮和實施新的計畫。因為最好的公益措施之所以被採納，很少出於遠見卓識，而是由於形勢所迫。

賓夕法尼亞總督把這份計畫送交議會，對此深表贊同：「計畫的起草判斷明確，有理有據。因此予以推薦，希望仔細研究，認真關注。」

然而議會卻在某位議員的主導之下，趁我不在的時候將它否決。我認為這種做法極不公正，未經任何關注研究就全然否決，讓我感到羞辱。

當年去波士頓的途中，在紐約遇見新總督莫里斯先生[11]，他剛從英國抵達那裡，他帶著取代漢密爾頓先生的委任狀，漢密爾頓對專斷指示要他服從的抗爭感到疲累，便辭職了。

莫里斯先生問我，是否認為他對此職位也會當得十分難受？我說：「剛好相反，你應該可以舒服當官，只要多加小心不要陷入跟議會的任何爭執就行。」

他高興地說：「我的好朋友啊，你怎麼能勸我避免爭執呢？你知道爭執是我的所愛，是我的樂趣之一。不過為了對你的規勸表示尊重，我答應你儘量避免爭執。」

他愛好爭執也有道理，因為他能言善道，伶牙俐齒，在辯論中都是贏家。他從小受到這方面的訓練，他父親（我聽說）習慣飯後讓孩子們圍著飯桌互相爭論，當作他的餘興節目。不過我認為這種做法不太明智，因為經過我長期的觀察，愛爭長論短、反駁辯難的人做事一般都不順遂。有時候能獲得勝利，但永遠得不到好感，而好感其實更有用處。我們分別後，他去費城，我趕往波士頓。

回來的時候我在紐約見到議會決議，從中看出，儘管他對我信誓旦旦，但他和議會已經到勢不兩立的地步，雙方紛爭不斷，直到他卸任為止。在這場爭鬥中我也不能隔岸觀火，因為我一回到議會的任上，每個委員會都要我參加，答覆他的講話和諮文，而且這些委員會都要求我起草文稿。不僅他的諮文，連我們的答覆，也往往尖酸刻薄，有時候甚至出言不遜。他知道我替議會寫覆文，別人可能認為我們鬧到仇人相見分外眼紅的地步。但他這個人性情格外的好，這些鬥爭並沒有引起我們之間的私人嫌隙，我們還一塊吃飯呢[12]！

一天下午，正當公事鬧得不可開交的時候，我們在街上碰見了。他說：「富蘭克林，你必須到我家裡坐坐，晚上有幾位客人你一定喜歡。」說著拉住我的胳膊就往他家走。飯後一邊喝酒，一邊談笑，他開玩笑說，他很欣賞桑丘·潘沙的主意，有人建議讓桑丘主持一個政府，桑丘要求一個統治黑人的政府，這樣如果他和百姓意見不一，他就可以把他們賣掉[13]。

他有個朋友坐在我身旁，說道：「富蘭克林，你為什麼總坐在該死的貴格會信徒一邊呢？把他們賣掉不是更好？領主[14]會給你好價錢的。」我說，總督還沒把他們徹底抹黑呢！他確實在所有諮文中煞費苦心要把議會抹黑，但他一抹黑，他們就把黑墨擦掉，反過來把他抹個大黑臉。結果發現自己有可能已經被抹成黑人，於是他像漢密爾頓先生一樣，疲於爭鬥，便辭職不幹了。

這些公務爭端追根究柢起因於領主，也就是世襲總督；每當為了保衛他們的領地，需要開銷時，便極盡卑鄙之能事，指示他們的代理人不要通過任何必要的徵稅法案，除非他們遼闊的田產在該法案中明文規定可以免稅；他們甚至讓這些代理人寫下保證，奉命服從。議會一連三年都竭力抵制這種不義之舉，但最後還是迫不得已降服認輸了。莫里斯總督的繼任丹尼上尉[15]終於大膽抗命，其中緣由我將在後面說明。

不過我把故事進展過於迅速，莫里斯總督在任期間還發生幾件事情，這裡需要交代。

在某種程度上對法戰爭[16]已經開始，麻塞諸塞海灣政府計畫進攻皇冠角[17]，於是把昆西先生[18]派往賓夕法尼亞，將鮑納爾先生[19]，也就是後來的鮑納爾總督，派往紐約請求支援。由於我是議會成員，熟悉情況，又是老鄉，所以他來找我，要我施加影響，提供援助。

我向議員們宣讀他的請求書，得到熱烈的回應。議會表決通過一萬英鎊的援款，用來採購供應品。然而總督拒絕批准這項議案（議案包括這筆款項，還有給國王使用的幾筆款項），除非插入這項條款：免除領主田產承擔任何必要的稅款份額。儘管議會希望他們給新英格蘭的援款具有法律效力，但卻不知道該怎麼辦。昆西先生費盡心思想得到總督批准，但卻不得其門而入。

於是我提出一個成全此事的建議，就是繞過總督，開向公債經募處委託管理人提款的匯票，按照法律，議會有權這麼做[20]，實際上當時公債經募處錢很少，甚至根本沒有錢。於是我提出匯票在一年內兌現，並擔負五厘利息。有這些匯票，我估計採購供應品就不會有問題。

議會十分爽快採納這項建議。於是立即印製匯票，我是受命簽署和發行匯票的委員會委員。兌付匯票的資金是本地區現有紙幣的放貸利息，再加上貨物稅的收入，人們知道這兩項經費兌付匯票綽綽有餘；於是匯票立即贏得信譽，不僅可以用來採購供應品，而且成了很多有閒錢的有錢人投資的管道。因為他們發現這樣做好處很多，一是手持匯票可生利息，二是可以當貨幣使用。所以他們爭先恐後認購，沒過幾個星期，匯票就銷售一空。

靠我的辦法總算大功告成，昆西先生贈送議會一件漂亮的紀念品以表感謝。他帶著出使的成

功，極度高興地凱旋而歸，從此以後跟我成了莫逆之交。

英國政府不願意允許在奧爾巴尼提議的那種殖民地聯盟，也不願意把各殖民地的防務交托給聯盟，以免殖民地過於重視軍事，從而讓殖民地感覺到自己的力量。所以這時的他們對此心懷疑慮和猜忌，便派布雷多克將軍[21]率領兩團英國正規軍來解決問題。

他在維吉尼亞的亞歷山德里亞登陸，然後開往馬里蘭的弗雷德里克鎮，到達之後停下來等待車輛。我們的議會得到消息，擔心他對議會懷有強烈偏見，以致不願承擔這裡的防務，因此希望我去接待他。不以議員身分，而是以郵政管理局局長身分，聲稱要跟他商議以最快捷、穩當的方式處理他和各個殖民地總督之間的急件往來，因為他必須與總督們保持書信聯繫，議會提出費用由他們負擔。於是我兒子陪我一同前往。

我們在弗雷德里克鎮找到這位將軍，他派人去馬里蘭和佛吉尼亞的偏僻地區徵集車輛，正焦急地等待派出的人員回來。我跟他一起待了好幾天，天天陪他吃飯，有充分的機會消除他種種偏見，告訴他議會做了什麼，還願意做什麼，以配合他的軍事行動。

就在我要離開的時候，徵集到的車輛送回來了，總共二十五輛，但不是每輛都能用。將軍和其他長官個個大驚失色，宣告遠征就此結束，不可能再進行下去；並大罵內閣群臣無知，讓他們在缺乏運輸工具的地方登陸。因為要運送的軍需既多且重，至少需要一百五十輛馬車。

我順口說，他們沒有在賓夕法尼亞登陸太可惜了，因為那裡的種田人家戶戶都有馬車。將軍馬

上說：「閣下，你既然是那裡的顯要人士，也許你能為我們弄到車輛，我就請求你承辦此事。」

我問他們給車主多少酬勞，他希望我把必要的條件寫成文字。我照辦，條件也得到認可，於是立即備好一份委任狀和若干指示。這些條件出現在我一到蘭開斯特就刊出的公告上。從產生的爆炸性效應來看，這是一份稀奇的公告，我將全文穿插在下面。（插在這裡的公告，夾在經辦此事期間寫的書信冊中。）[22]

公告

茲因國王陛下之軍隊擬於威爾斯溪[23]集結，需四馬大車一百五十輛，鞍馬或馱馬一千五百匹。為此，布雷多克將軍麾下授權予我經辦租用上述車馬之事宜。故特此公告：本人將於此時至下星期三晚在蘭開斯特；下星期四晨至星期五晚在約克，處理此事；將以下述租金承租車馬或馬匹：

一、凡配備四匹良馬與一名馭夫之馬車每日租金十五先令；凡配備馱鞍或其他鞍具之良馬，每日租金十八便士。

二、租金須從車馬加入威爾斯溪駐軍之時算起（必須於五月二十日或以前到達），車馬完成其任務後將根據其前往威爾斯溪和返家所需時間給予合理補貼。

三、每駕車馬，每匹鞍馬或馱馬，均由本人與車輛馬匹主人共選客觀公正之人予以估價，服役車輛、馬匹如有損失，將照價賠償。

四、自簽約之時算起，如有要求，本人將向車馬主人預支七日租金；剩餘部分待任務完成，或有臨時需求，將由布雷多克將軍支付。

五、車輛駕馭者或租馬照料者不可應召盡士兵之責或受僱做駕車看馬以外之事。

六、凡車輛馬匹帶進軍營之燕麥、玉米或其他飼料，超出馬匹所需者應合理付價，挪做軍用。

備注：我兒威廉・富蘭克林亦授權，可與坎伯蘭縣任何人士簽訂同種合約。

班・富蘭克林

一七五五年四月二十六日於蘭開斯特

告蘭開斯特、約克、坎伯蘭三縣居民書

各位朋友，各位鄉親：

幾月前偶然到了弗雷德里克的軍營，我發現將軍和幾位軍官由於得不到車馬而惱怒異常，他們原指望本地區完全有能力提供這些支援；但由於我們的總督和議會意見不一，既沒有為此提供金錢支援，也沒有採取任何相關措施。

有人建議立即向這些縣派遣軍隊，按其需要強行徵用最好的車輛和馬匹，強迫相應的人員去駕車看馬。

我擔心一批軍隊在這種情況下進入這些縣境，尤其考慮到他們現在的怒氣和對我們的怨恨，將會對居民造成許多嚴重的不便；所以我願意不辭勞苦，先嘗試以公正平等的方法做些什麼。這些偏遠縣區的居民近來向議會抱怨手頭現金短缺；現在機會來了，你們將有一筆可觀的現金入袋；因為如果這次遠征的服務工作持續一百二十天（這極有可能），那麼車馬的租金將會高達三萬多英鎊，而且全用國王的金銀幣支付。

服務工作將輕而易舉，因為軍隊每日行進很難超過二十英里，車輛和馱馬運輸的全都是軍需品，必須隨軍前進，快不了；而且為了軍隊的利益，無論行軍還是紮營，都要安頓在最安全的地方。

如果你們真如我相信的那樣都是國王陛下的優秀忠實的臣民，你們現在可以大顯身手效忠立功，而且可以輕鬆地完成任務；如果忙於農事難以抽出一車四馬和一名馭夫，那麼三、四戶合作，一戶出車，另外一戶出馬，再有一戶出人，酬金按比例分成。然而如果面對如此優厚的酬金和合理的條件，仍然不願盡忠報國，那你們的忠誠恐怕就值得懷疑。

王事必辦，如此眾多英勇的軍隊不遠萬里保衛你們，絕不可因為你們裹足不前，辜負了對你們的合理期望而無所作為；車馬是非要不可，很有可能採取強硬手段，屆時就只能落個敬酒不吃吃罰酒的下場，這種情況不會有人憐憫或關心。

我與此事並無特殊的利害關係（除了得到努力行善防禍的滿足），我只是自討苦吃。如果這種徵集馬車的辦法不能奏效，我只好在十四日之後捎話給將軍，我估計驃騎將軍約翰・聖克雷爾爵士[24]會率領一彪人馬立即奔赴本地區以達到上述目的，這是我不忍見到的，因為我是你們誠摯的朋友，我衷心希望各位萬事如意。

我從將軍那裡領到八百英鎊作為支付車主們的預支款，但這個金額仍然不夠，我又墊付二百多鎊，不到兩個禮拜，一百五十輛大車連同二百五十九匹馱馬開始向軍營出發。公告許諾車馬如有損失，必須照價賠償。但車馬主人聲稱不認識布雷多克將軍，也不知道他的承諾是否可靠，因此堅持要我為此寫下付款保證書，我就寫給他們。

我在軍營的時候，有天晚上和鄧巴[25]上校團部的官員們吃飯，他對我表示了對部下的關切，他說這些人一般都不富裕，想儲存東西以備長途跋涉的不時之需，但這地方東西太貴，他們買不起，到荒野又沒東西可買。我對他們的處境深表同情，決定儘量提供一點補助。

不過，我對這打算隻字未提，第二天早晨寫了一封信給議會負責處理公款的委員會，熱忱介紹這些官員的情況，提請委員會考慮並建議贈送日常用品和食品之類的禮物。

我兒子有過一段軍旅生活的經歷[26]，對軍營的需求有所體會，所以幫我列了一張清單，附在信裡。委員會批准，並積極辦理，由我兒子負責，於是這些物品火速運到軍營。用品分裝為二十包，每包裝有：

棒糖[27]六磅	高級砂糖六磅	高級綠茶一磅
高級武夷茶一磅	高級咖啡粉六磅	巧克力六磅
優質白餅乾半英擔[28]	胡椒半磅	優質白酒醋一夸脫
格洛斯特硬乾酪一塊	高級黃油一桶（二十磅裝）	馬德拉白葡萄陳釀二打
牙買加酒[29]二加侖	芥末粉一瓶	精製火腿二隻
乾口條半打	大米六磅	葡萄乾六磅

包裝扎實的二十個大包由二十匹馬馱來，一馬一包，送給一位軍官，當作禮品。他們感謝地收下，兩個團的兩位上校分別致函予我表示感謝，措辭極為懇切。將軍也對我徵集車馬的表現高度滿意，立即付清我墊付的帳目，再三表示感謝，要求我協助幫他運送供應品。

這事我承擔下來，所以忙得不可開交，直到我聽到他戰敗的消息[30]。為這項服務，我個人墊了一千多英鎊，我把帳單寄給他。幸好帳單在戰爭爆發前幾天寄到他手裡，他立即寄回一張向軍需官提款一千鎊整的匯單，餘額留在下一次帳上。能拿到這筆款項真是萬幸，因為那些餘額後來再也拿不到了。這件事後面還會說到。

我認為這位將軍是位勇敢的人，如果在歐洲打仗，他也許會出人頭地。但他過於自信，高估正規軍的效力，不把美洲人和印第安人放在眼裡。我們的印第安翻譯喬治．克羅根帶了一百名印第安人加入他的行軍，如果他善待這些人，他們可以當嚮導或偵探，將會大有用處；但他卻輕視、冷落他們，結果一個個離他而去。

有一天我跟他聊天，他描述他的前進計畫：「拿下迪尤肯堡[31]後，就向尼亞加拉挺進，攻下尼亞加拉後再直搗豐特納克[32]，如果季節允許的話；而我估計應該不成問題，因為迪尤肯只會耽擱我三、四天，而我看不到還有什麼會阻擋我向尼亞加拉挺進。」

在此之前我在心裡盤算過，他的軍隊途中必須披荊斬棘，從密林草叢中開出一條羊腸小徑前進，戰線肯定會拉長；而且我讀過一千五百名法國人入侵易洛魁地區吃敗仗的先例[33]，所以對這起戰爭，我心懷疑慮。

不過我只說：「將軍這支精銳的部隊，配有完善的大炮，抵達迪尤肯一定是意料中的事，因為那裡防禦工事尚未完成，聽說守軍兵力不強，只能抵抗一陣子。我擔心阻擋你進軍的唯一危險來自印第安人的突襲，這些人百煉成鋼，打突襲戰神出鬼沒。貴軍拉成一條將近四英里長的細線，目標明顯，兩翼易遭突襲，會像一根線被切為幾截，勢必造成顧首難顧尾的局面。」

他見我如此無知，便付之一笑，答道：「對於你們這些國民兵來說，這些野蠻人確實是可怕的敵人；但對訓練有素的正規部隊而言，實在不足掛齒。」

我意識到與將軍爭辯作戰事務，有關公面前耍大刀之嫌，便不再多嘴。然而敵人並沒有利用我所擔心的行軍路線過長暴露出的弱點，而是任其挺進，未加阻斷，直到離目的地[34]不到九英里的地方，部隊集結（大部隊剛剛過河，前部已經停下等待全部過完），處在一片比任何林地更加開闊的地段，這時敵人從樹叢後面開始用密集的炮火攻擊先遣部隊，將軍這才知道敵人就在眼前。

先遣部隊亂成一團，將軍緊催主力部隊趕上支援，結果軍隊、車輛、行李、牲口混雜，一片混亂；很快炮火又向側翼攻擊，騎馬的軍官目標顯著，成了敵人的活靶，一個個應聲落馬；士兵得不到命令，擠成一堆，呆站在那裡挨子彈，結果三分之二身亡，剩下的驚恐萬分，倉皇逃竄。

幾個趕車的卸下貨物騎上馬匹逃命，大家紛紛效仿；結果車馬、糧草、大炮、軍需全部落入敵人手中。將軍受了傷，大家費了九牛二虎之力才抬出來，他的祕書謝利先生[35]就死在他的身旁。八十六名軍官傷亡達六十三人，一千一百名士兵中有七百一十四名陣亡[36]。這一千一百名士兵都是從全軍中挑選出來，其餘的由鄧巴上校率領，他們原本是載著更重的軍需、供應品和行李跟在後方。

倉皇逃竄的軍士由於未受到追擊，投奔到鄧巴的大營，他們帶來的驚恐立即擾亂了鄧巴的軍心。儘管他有一千多人，而打敗布雷多克的敵人加上法國人和印第安人一共也不超過四百人[37]，但他卻不領軍向前、奮力苦戰以挽回面子，反而下令將軍火、軍需全部銷毀，以便騰出更多的馬匹和減少拖運的累贅，幫助他火速逃回居民區。

在那裡他接到維吉尼亞、馬里蘭和賓夕法尼亞各地總督的請求，要他屯兵邊境，為居民提供保護；但他仍馬不停蹄倉皇撤退，一直退到費城才認為自己平安無事，因為那裡的居民可以保護他。這整件事使我們美洲人第一次產生懷疑，一向認為英國正規軍英勇超群，看來這種想法太過浮誇，缺乏充分的證據。

此外，英國軍隊第一次進軍，從登陸開始，一路打家劫舍，搶奪民財，搞得一些家庭崩潰；居民如有不滿，動輒侮辱、謾罵、囚禁。就算居民真需要保衛者，對這樣的保衛者也忍無可忍。這與法國朋友在一七八一年的表現真是天壤之別，他們從羅德島進軍到維吉尼亞，穿越人口最密集的地區，行程近七百英里，無人抱怨丟過一頭豬、一隻雞，甚至一顆蘋果！

奧爾姆[38]上尉是將軍的副官，他受了重傷，跟將軍一起被抬下火線，一直陪著將軍，沒過幾天，將軍就去世了。他告訴我，頭一天將軍一聲不吭，晚上只說了一句話「誰會想到這種情況？」後來幾天又一聲不吭，最後只說一句「下回就知道該怎樣處治他們了。」幾分鐘後便去世了。

祕書文件包含將軍命令、指示和信件全落入敵人手中，他們選部分文件譯成法文，再刊印出來，證明在宣戰之前英國朝廷已懷敵意。我在其中看到將軍寫給內閣的幾封信，高度評價我對英軍做出的巨大貢獻，並提請對我給予關注。

大衛·休謨[39]幾年後在哈考特勳爵任駐法公使時做他的祕書，後來康威將軍任國務大臣時，又做他的祕書，他告訴我在辦公室的文件中看過布雷多克大力推薦我的信件。不過由於遠征慘遭不幸，我的貢獻好像就沒多大價值，因為那些推薦信從沒派上用場。

至於將軍本人的回報，我只要求過一個，就是要他下令部下軍官不要徵用我們買來的僕役[40]，已經徵用的予以遣返。這一點他爽快答應了，依據我的要求，有幾名僕役被送回給自己的主人。

後來鄧巴當司令，就不那麼大方了。他撤到（不如說是逃到）費城時，我要求他遣返已經徵用的蘭開斯特縣三名窮農家的僕役，並提醒他已故的將軍在這方面下過命令。他向我許諾，幾天後他將進軍紐約，途經特倫頓時請僕役主人來找他，屆時會把人還給他們。於是這幾個農夫傷財費力趕到特倫頓，可是鄧巴拒絕兌現諾言，讓他們蒙受巨大損失，感到極度失望。

損失車馬的消息一傳開，車馬的主人登門要求我照價賠償。他們的要求把我搞得焦頭爛額，我告訴他們錢已在軍需官手裡，但要謝利將軍[41]下令才能付款。我請他們放心，我已經致函將軍，提出申請；但路途遙遠，不可能馬上接到回覆，必須有耐心；但這都不能滿足他們的要求，於是有人狀告我。

謝利將軍終於把我從險惡的境地解救出來，他委任專員審查索賠要求，並下令付款。這筆款項將近兩萬英鎊，如果要我來賠就只能傾家蕩產了。

在得到戰敗的消息之前，有兩位姓邦德的醫生[42]拿著一份募捐申請來找我，要為盛大焰火晚會籌集資金；之所以籌辦這次晚會，是想在攻克迪尤肯堡的消息傳來之際，展示萬民歡慶的景象。我神情嚴肅說：「在確定有歡慶的必要之後，還是會有充分的時間進行準備。」他們十分驚訝我沒有立即回應他們的建議。

他們其中一個說：「這就怪了，你認為堡壘拿不下來吧？」「拿不拿得下來我不知道，但我知道勝敗有很大的變數。」我講了之所以懷疑的理由，募捐就此擱下；倡導人也因此免除焰火準備就緒，卻因戰敗後無用武之地而陷入丟臉的尷尬窘境。

邦德先生之後在別的場合說，他不喜歡富蘭克林的預感。

注解

【1】英國人擔心易洛魁印第安人（六部落）可能投向法國人。有些殖民地領導人希望利用這次大會討論一個殖民地聯合計畫。

【2】送禮給印第安人是當時的習慣。

【3】應為約翰·賓（一七二九至一七九五），湯瑪斯·賓的侄子，後來任賓夕法尼亞副總督（一七六三至一七七一，一七七三至一七七六）。漢密爾頓總督於一七五四年五月十三日簽發委任狀。

【4】理查·彼得斯（約一七〇四至一七七六），英國聖公會牧師，地區派給領主的祕書。

【5】詹姆斯·亞歷山大（一六九一至一七五六），紐約人，先後在紐約和新澤西擔任公職。

【6】阿奇博爾德·甘迺迪（一六八五至一七六三）在紐約擔任公職並寫有《贏得並保持與印第安人友誼的重要性》（一七五一）一書。

【7】各殖民地相互猜忌，對任何可能削弱自己力量的中央集權表示懷疑。英國官員為某些自行其是的殖民地議會的行為所苦，同樣反對趨向統一計畫的任何動向。所以各殖民地和宗主國都不支持協調一致的舉措。

【8】《政論、雜文與科學論文集》（一七七九）。拉巴里指出富蘭克林對奧爾巴尼計畫失敗的理由過於簡單化。各殖民地本身害怕任何一個殖民地有支配地位，所以提防強勢議會，不願看見任何一個強大的立法機構出現。

【9】威廉·謝利（一六九四至一七七一）於一七四一至一七四九年、一七五三至一七五六年任麻塞諸塞總督。

【10】引自古羅馬詩人尤維納利斯（約六〇至一四〇）的《諷刺詩》第十首第一至三行。英文譯者約翰·德萊頓將其譯成兩行。

【11】羅伯特·亨利·莫里斯（約一七〇〇至一七六四），一七五四至一七五六年任賓夕法尼亞總督。

【12】富蘭克林對賓夕法尼亞政局以及在倫敦與賓氏叔侄的談判的回憶都顯得和風細雨，這與同時代人對這些事件中的疾風暴雨的記述大相逕庭。

【13】這跟西班牙大作家賽凡提斯的小說《唐吉訶德》第一部第二十九章的故事有出入，原書說桑丘對統治黑人的想法感到難過，後來意識到可以將他們賣掉才高興起來。

【14】這裡指湯瑪斯·賓（一七〇二至一七七五），他是威廉·賓（一六四四至一七一八）的兒子。威廉是賓夕法尼亞的創建者。根據一六八一年的特許狀，威廉被任命為賓夕法尼亞的「真正、絕對」的領主。據此，他行使該殖民地的統治權。賓夕法尼亞在美國革命前一直在賓家族領主控制之下。

【15】威廉·丹尼（一七〇九至一七六五），一七五六至一七五九年任賓夕法尼亞總督，是個腐敗份子。

一七五九年他迫於壓力簽署法案對領主地產徵稅。議會讓領主分攤政府開支的努力並未奏效，一七七五年以前再沒有試圖對他們的田產徵稅。富蘭克林的記述不完整。

【16】指英法（與印第安人結盟）之間的「法國和印第安人戰爭」（一七五四至一七六三）。最後法國失敗，一七六三年的巴黎條約結束了法屬北美帝國。

【17】一七三〇年法國人在尚普蘭湖的皇冠角修建聖弗雷德里克堡，防止入侵魁北克和蒙特利爾。

【18】喬塞亞·昆西（一七一〇至一七八四），波士頓富商，後來成為富蘭克林的朋友。

【19】湯瑪斯·鮑納爾（一七二二至一八〇五），一七五七至一七六〇年任麻塞諸塞總督。

【20】公債經募處出借由立法行為認可，並由地產抵押擔保的紙幣，借貸是收利息的。議會有權監管這些收入的開銷。

【21】愛德華·布雷多克（一六九五至一七五五），法國和印第安人戰爭中北美英軍司令。

【22】富蘭克林的手稿不包括「公告」，這裡是按照現存的一張大幅單面印刷原件重印的。

【23】在馬里蘭西部的坎伯蘭堡。

【24】約翰·克雷爾爵士或聖克雷爾以兇猛聞名。

【25】湯瑪斯·鄧巴（？至一七六七），英軍上校，他於一七五五年接替布雷多克任北美部隊司令。

【26】威廉·富蘭克林當過征討法屬加拿大而招募的一支殖民地部隊裡的軍官（一七四六至一七四七）。

【27】這一時期的糖形狀不是條形，就是錐形。

【28】一英擔重一百一十二磅。

【29】即蘭姆甜酒。

【30】愛德華·布雷多克將軍（一六九五至一七五五），由於對荒野交戰沒經驗，在對法國人和印第安人作戰中失敗，一七五五年七月九日在莫農加希拉河附近的荒野戰中受致命傷。他的軍隊中有四百五十名殖民地民兵，由喬治·華盛頓中校領導，指揮殘兵撤退。

【31】在匹茲堡。

【32】即魁北克。

【33】也許是指德農維爾侯爵一六八七年與塞納卡諸部落的戰役。德農維爾的軍隊遭到印第安人伏擊，被迫撤退。

【34】即迪尤肯堡。

【35】小威廉·謝利（一七二一至一七五五），麻塞諸塞總督的兒子。

【36】更加精確的報告顯示參戰官兵一千四百六十九名，死四百五十六名，傷五百二十名。

【37】更有可能是八百左右，他們中戰死約二十五人，受傷的人數相當。

【38】羅伯特·奧爾姆死於一七九〇年。

【39】大衛·休謨（一七一一至一七七六），蘇格蘭哲學家和歷史學家，他是赫特福德伯爵的祕書，不是哈考特的祕書。

【40】指尚未完成既定工役的契約僕役。

【41】威廉·謝利，麻塞諸塞總督，英軍的一位將軍。

【42】湯瑪斯·邦德（一七一三至一七八四）和菲尼亞斯·邦德（一七一七至一七七三），費城醫生。

第十一章

布雷多克失敗之前，莫里斯總督接二連三提交諮文，逼迫議會制定法令為地區防務籌措資金，但不可對領主田產課稅，沒有這種豁免條款的議案一律否決，把議會搞得窮於應付；這時他攻勢倍增，因為危險性與必要性更大，成功的希望也就更大。但是議會仍然寸步不讓，相信正義在他們那邊，如果聽任總督修正他們的財政法案，就等於放棄一項基本權利。

最後在一項撥款五萬英鎊的議案中，總督修改一個字；原議案「一切財產，包括動產與不動產，均須納稅，領主的財產稅不可免除。」他把「不」改為「僅」。小小一字之差卻關鍵地改變了整句話！然而，當慘敗的消息傳到英國後，在我們的英國朋友們（一直以來我們負責確保將議會對總督諮文的回覆傳達給他們）之間引起軒然大波，大家紛紛抨擊領主們竟然讓總督下達那種指示，真可謂卑鄙無恥，不仁不義，有人甚至揚言他們既然妨礙地區的防務，就喪失擁有該地的權利。此話一出，領主們很恐懼，便下令再追加五千英鎊在議會提供的防務費上。

通知議會之後，這筆款項被接受為普通稅，於是形成一項帶有豁免條款的新法案，隨即獲得通過。依照這法令，我被任命為負責處理這筆款項的專員之一。我一直積極參與這法案的制定，並努力讓它通過；與此同時又起草一項建立和訓練一支自願民兵隊的議案[1]，沒怎麼大費周章議會就通過了，因為條文裡有特別規定，讓貴格會信徒自由行事。為了促成組織不可或缺的民兵，我寫一篇問答文章[2]，將能想到反對民兵的意見列舉出來，並逐一回答。這篇文章刊印出來，正如我所想，產生巨大效果。

當城鄉的幾個連隊正在組建和演練的時候，總督勸我去管理西北邊疆，要我招募軍隊，修築一列堡壘，保衛居民，因為那裡遭到敵人的侵擾。我接受這項軍事任務，儘管我認為自己並不適任。總督給我全權委任狀，還有一紙空白的軍官委任狀，以便派發給我認為合適的人選。

我招募兵源沒費多少力氣，很快就有五百六十人由我指揮。我兒子在一次對加拿大作戰時的軍隊中當過軍官，現在出任我的副官，對我幫助極大。

印第安人焚燒血洗吉內登哈特[3]這個摩拉維亞派信徒[4]定居的村落，這塊地方被認為地形絕佳，適宜修建一座堡壘。為了向那裡進軍，我把各連集結在伯利恒，這是摩拉維亞派信徒的大本營。這裡的防衛狀況很好，我感到十分驚訝。吉內登哈特的毀滅使他們懂得危險。

重要建築都用柵欄衛護，從紐約購買大量武器彈藥，甚至在高大石屋的窗戶之間放了大量鋪路用的石頭，如果有印第安人試圖逼近，婦女們就可以扔石頭砸他們的腦袋。荷槍實彈的教友們放哨、換崗，有條不紊，跟有駐軍防守的城鎮一模一樣。

與施龐根貝格主教談話的時候，我提及自己的驚訝；因為我知道他們得到英國議會法令，免除他們在殖民地的軍事義務，我以為他們會嚴守道德規範不拿起武器。他回答我：「這的確不是我們的原則，但得到那條法令的時候，很多人認為這就是一個原則。但在這種時候，令他們驚訝的是遵守這原則的寥寥可數。」這麼看來，他們不是騙自己，就是騙英國議會。然而就常識來講，面對當前的危險，誰還去理會那些異想天開的原則。

一月初我們開始修築堡壘，我派一支小分隊去米尼辛克[5]，帶著為保障當地北部安全修築一座堡壘的指令；南部也有一支帶著同樣指令的小分隊。最後我決定親自率領餘部趕往吉內登哈特，因為那裡更迫切需要一座堡壘。摩拉維亞派信徒幫我弄到五輛馬車運送工具、補給品、行李等物品。

我們就要離開伯利恒的時候，十一個被印第安人從自己農場趕出來的農民要求我提供武器，讓他們奪回自己的牲畜。我給他們一人一把槍，配有適當的彈藥。

我們走沒幾英里，就開始下起雨，一整天下不停。路上沒有可避雨的房屋，天快黑的時候才到一個德國人家裡，我們擠在他的住宅和牲口棚裡，全身淋成落湯雞[6]。幸好在行軍途中未遭攻擊，因為我們的武器很普通，士兵甚至不知如何使槍機不被弄溼。印第安人玩弄起刀槍都很精明，我們卻沒有這本事。他們那天遇見前面提到的十一名可憐的農民，殺了其中十個[7]。唯一逃脫的說，他們的槍無法使用，因為被雨淋溼了。

第二天天晴，我們繼續趕路，總算到了荒涼的吉內登哈特。附近有一間鋸木廠，周圍扔著幾堆木板，我們很快搭建木棚棲身；在嚴寒的季節沒有帳篷，這麼做更加必要。第一項工作就是先把發現的死人埋好，因為鄉民只是隨便蓋點土，死人的身體半露半掩著。

第二天一早，便開始做堡壘，立界標，堡壘周長為四百五十五英尺，用直徑一英尺的樹，一根接一根排成柵欄，另外需要同樣數目的木樁。我們有七十把斧頭，立即派上用場砍樹；每人拿起斧頭個個身手不凡，乾脆俐落。看到樹木紛紛倒下，我心生好奇，兩人開始砍樹的時候我便看著錶，只用六分鐘就把樹砍倒；這棵樹直徑是十四英寸，可做三根十八英尺長、一頭削尖的木樁。

在準備木樁的同時，另一些人在周圍挖一條三英尺深的壕溝，好立木樁。我們把馬車的車身拆下來，把連接前後軸連杆的釘子拔掉，將前後輪分開，做成十輛二輪馬車，兩匹馬拉一輛，把木樁從林地運到現場。

柵欄立好以後，再由木匠在柵欄裡搭建一圈木臺，約六英尺高，站在上面可以透過槍眼開火。另外還有一門旋轉大炮架在一隅；架好立即發炮，讓印第安人知道我們有這些大傢伙，如果他們能聽到的話。這樣一來，我們的堡壘（如果這麼寒酸的柵欄能用這麼堂皇的名稱的話）在一個星期之內就竣工，儘管三天兩頭大雨傾盆，人們無法工作。

這件事讓我注意到，人們專心致志做事的時候往往最滿足。因為他們認真工作的那天，個個心平氣和，歡天喜地；意識到白天認真做事，晚上就過得快意！如果一整天閒暇無事，就變得桀驁不馴，吵鬧不休，雞蛋裡挑骨頭；不是嫌豬肉肥，就是嫌麵包硬。總之，脾氣一直很壞。這使我想起一位船長，他的原則就是讓水手們一直忙碌；有一回他的大副說所有事都做好了，沒有可忙的了，結果他說，那就讓他們洗刷鐵錨吧！

這堡壘儘管寒酸，卻足以抵擋沒有大炮的印第安人。現在一切就緒，遇到狀況有處可退，於是大膽派出小分隊到鄰近地帶探索。雖然沒有遇到印第安人，但發現鄰近山頭上有他們設置的哨所，監視著我們的行動。這些哨所有種特別設計，值得一提。由於時值冬天，少不了火；然而一點火光，別人就會發現他們的位置。於是他們在地上挖了直徑約三英尺，比三英尺深一點的洞。在洞裡我們看見木炭，那是他們用小斧頭在森林裡燒焦的圓木上砍下來的，他們用這些木炭在洞底升起小火。在野草中注意到他們身體壓出的痕跡，他們躺在洞口，把腿垂進洞裡烤腳、取暖，這對他們來說是個關鍵。這麼安排，既無火光，又無火焰，也無火星，甚至連煙也沒有，不會暴露行蹤。他們人數似乎不多，看到我們人多勢眾，因此不敢貿然襲擊。

我有一位隨軍牧師，熱忱的長老會牧師貝蒂先生[8]，他向我抱怨這些人都不去聽他祈禱和說教。這些人入伍時得到過許諾，除了軍餉和伙食外，每天還要領一吉耳[9]的蘭姆酒，上午一半，下午一半，準時發放，我發現他們領酒積極準時。於是我對貝蒂先生說：「讓你管酒也許會有損你職業尊嚴，如果你在祈禱之後分發，他們一定會來。」他欣賞這個主意，於是擔當起這職務，又請幾名幫手量酒，皆大歡喜；他的祈禱從來沒有這麼多聽眾，而且從沒有來得這麼準時。所以對於不參加禮拜的人來說，這種辦法比軍法懲治更加可取。

我剛完成任務，貯備好糧草，就收到總督來信，通知我他已經召集議會開會，如果邊防情勢不需要再留守的話，希望我能參加；我在議會的朋友也勸我盡可能與會。要修建的三座堡壘已竣工[10]，在其保護下，居民們願意留在自己的農場裡，所以我決定回去。更令我放心的是經歷過印第安人戰爭的新英格蘭軍官克拉彭[11]上校正在參觀我們的建築，並接過指揮權。我給他一份委任狀，在檢閱駐軍時當眾宣讀，將他引薦給大家，說他是一位精通軍務的軍官，比我更適合統領大家；給大家一番勸勉之後我便告辭了。

我在伯利恒先休息幾天，消除多日的勞累。頭一夜睡在高級床上，簡直難以安眠，這跟在吉內登小木屋裡僅裹一、兩條毯子打地鋪，真是天壤之別。

在伯利恒，我多少了解一點摩拉維亞派信徒的風俗習慣；有幾個人一直陪著我，對我十分友善。他們實行財產共有制，好多人同桌吃飯，同室睡覺。在寢室裡，我注意到在天花板下面，每隔一定距離，就有一個小洞，我想這是為換氣而開的，這辦法非常高明。我在他們的教堂裡參加過禮拜儀式，風琴在小提琴、雙簧管、長笛、黑管伴奏下，音樂悅耳動聽。我明白他們的布道跟我們通行的做法不同，不是男女老幼混雜的公眾講道，而是分別召集已婚男子、已婚女子、小夥子、大姑娘還有小孩子，各有各聽講道時間。我聽的是給孩子們的布道，孩子們一個個走進會堂，在一排排長椅上就座，男孩由一位小夥子，即他們的導師指揮，女孩則由一位年輕女子帶領。講道完全照顧到孩子們的能力，態度親切，討人喜歡，告訴他們要做好孩子。孩子們個個中規中矩，不過臉色蒼白，好像不太健康，這使我疑惑他們可能在室內待太久，得不到充分的鍛鍊。

我好奇摩拉維亞派的婚姻情況，到底是不是像傳說那樣以抽籤定終身？他們告訴我，抽籤只在某些特殊情況下使用。一般來說，一個小夥子想結婚便告訴他們的長者，長者再和照顧女孩們的年長女士商量。由於男女雙方的長輩對各自監護的人性格瞭若指掌，所以他們最有能力判斷哪個對象最合適，他們的判斷都會得到認可。如果碰巧有兩、三個姑娘都同樣適合，這時才用抽籤的辦法選擇。我提出異議：「如果不是雙方選擇的結果，他們有的就會不幸福。」那人回答說：「就算雙方自己選擇，也未必個個幸福。」對此我確實無法否認。

回到費城後，我發現民兵團進展得很順利，不是貴格會信徒的居民都加入了，他們組成連隊，並按照新法規選出上尉、中尉和少尉[12]。

B醫生[13]來看我，講述他歷經千辛萬苦，讓大家對法規有普遍的好感，把很多功勞攬在自己身上。我原本把這一切歸功於自己，不過，我知道他說的並非沒有道理，就索性讓他自鳴得意。遇到這種情況，一般來說，這樣做不失為萬全之策。

軍官們開會選我為上校，這回我接受這個頭銜。我忘記有多少連，但是檢閱時有一千兩百名英武的戰士，還有一個炮兵連，配有六門野戰銅炮；他們對大炮操縱自如，一分鐘能發十二炮。我頭一回檢閱團隊後，他們陪我回家，在門口向我鳴炮致敬，把我電器上的幾個玻璃裝置震下來摔碎了。結果之後事實證明我的榮耀也和玻璃一樣脆弱易碎；因為不久，我們的委任狀就被英國的一項法規廢止撤銷了[14]。

在我短暫的上校任期內，準備去一趟維吉尼亞，我團的軍官認為首長出行，部下應當相送，於是護送我出城，一直陪我到下渡口。我剛上馬，就有三、四十人來我門前，個個有坐騎，身上著軍裝。這做法我事先不知情，否則我會加以阻止，因為我討厭在任何場合擺架子；我對他們的出現大為懊惱，他們要陪我，我躲也躲不開。更不像話的是，剛動身，他們就整齊畫一地拔刀出鞘，一路騎馬舉刀前進。有人把這事向領主報告，惹得他大發雷霆。在本地區，從來沒人向他表示如此敬意；他的總督也沒有享受過此等殊榮；他說只有皇親國戚才配享受。這也許是真的，因為我從過去到現在對這種場合的禮儀一直缺乏了解。

這件事大大增強他對我的積怨，過去議會裡我一直強烈反對免除他的田產稅，怨恨就積得很深，而且我曾對他為了抗稅所採取的卑鄙手段做過嚴厲的批評。他向英國內閣指控我是貫徹國王政令的極大障礙，說我利用自己在議會中的影響力，阻止適當的籌款議案；他舉出我部下軍官的列隊遊行為證，說我想憑藉武力將本地區的治理權奪走，他要求當時的郵政管理局局長埃弗拉德·福克納[15]爵士解除我的職務。但除了埃弗拉德爵士的溫婉勸告外，沒有別的效果。

儘管總督和議會口角不斷，我身為議員，在議會裡說話很有分量，但我和那位紳士仍保持該有的禮貌，沒有個人歧見。有時我想，他明知道對他諮文的回覆由我草擬，但對我卻不怨恨。這也許是他的職業習慣使然，他是律師出身，也許把我們看成訴訟案中雙方當事人的辯護律師；他代表領主，我代表議會。有時候遇到難題，他也會很友好地徵詢我的看法；有時候甚至採取我的意見，儘管此類情況並不常有。

我們同心協力供給布雷多克的軍隊，當將軍敗北這令人震驚的消息傳來時，總督急忙派人來找我，商議防止將那幾個偏僻鄉鎮捨棄的對策。我忘了當時提出什麼勸告，但我想大概就是應當寫信給鄧巴，勸他如有可能，在邊境上駐軍保衛這幾個鄉鎮，等各殖民地的援軍到達，有能力遠征時再計畫。我從邊境回來以後，總督要我率領本地區的軍隊進行遠征的任務，收復迪尤肯堡。由於鄧巴和其部隊另有任務，他建議委任我當將軍。

我對自己的軍事才能不像他宣稱的那麼好，我認為他的說法一定超出他真正的想法；不過也許他認為我的好人緣有助於招募士兵，我在議會的威望也利於通過撥款，提供軍餉，不需向領主田產徵稅。發現我不像他預期的積極，這計畫就擱下了。他很快就離任，由丹尼上尉接任。

在敍述我如何在新總督治理下於公眾事務中發揮作用之前，先來談談我的科學聲譽崛起和進展。

一七四六年在波士頓，我遇見一位斯賓塞博士[16]，他剛從蘇格蘭來，演示過一些電學實驗給我看。這些實驗做得不夠完美，因為他並不十分精通；但因為是我感到十分新鮮的課題，所以這個實驗還是使我驚喜萬分。

回到費城不久，我們的圖書館會社收到倫敦皇家學會會員彼得・柯林森[17]的禮物：一根玻璃管[18]，並附有實驗的說明書。我迫不及待地把握機會，重複在波士頓看到的實驗。經過多次演練，不僅對說明書上的實驗操作得遊刃有餘，還增添幾項新實驗。我說多次演練是因為到家裡來看這神奇現象的人絡繹不絕，屋裡總是人滿為患。

為了分擔壓力，我請人在玻璃坊製作類似的管子，讓朋友們動手操作，這樣就有好幾個能做實驗的人。其中主要的金納斯利先生[19]是我的鄰居，心靈手巧，由於賦閒在家，我便說服他演示實驗賺錢，並為他寫兩篇講稿，說明實驗順序如何安排，如何解釋。為了這目的，他準備一套高級設備，請專門的儀器製造工匠將我自己粗製的小機械重新精心配製。他的講座聽眾很多，人人滿意；過不久，他周遊所有殖民地，在每個首府進行演示，賺了些錢。但在西印度群島實驗實在難做，因為空氣太過潮溼。

我們十分感謝柯林森先生惠贈的玻璃管，我認為應當向他報告利用玻璃管取得的成就，於是我寫信給他，在信中描述我們的實驗。他在皇家學會上宣讀這封信，大家起初不認為有值得重視的地方，因此沒有刊登在會刊上。

我把寫給金納斯利的一篇關於閃電與電之相同的稿子，寄給我一位朋友米切爾博士[20]，他也是該學會會員。他寫信告訴我文章宣讀後，遭到行家們的嘲笑[21]。然而福瑟吉爾博士[22]看過後，認為價值非凡，不可扼殺，建議刊印。於是柯林森先生把文章交給凱夫[23]，刊登在他的《紳士雜誌》上；可是凱夫卻單印成冊，由福瑟吉爾博士寫序[24]。凱夫對能獲得的利潤胸有成竹，後來經過增訂，冊子擴充為一本四開本的巨著，印刷發行了五版，他卻沒花半毛支付稿費。

這些文章要在英國引起廣泛關注需要時間。一本論文集碰巧落到布封伯爵[25]手裡，他是法國鼎鼎有名、眾望所歸的科學家，而且名滿歐洲。他說服達里巴爾先生[26]將之譯為法語，在巴黎出版。然而，此書卻得罪了皇室科學導師諾萊神父[27]，他也是位能幹的科學家，自己發展出一套電學理論，出版後風靡於世。他起初不相信這本著作出自美洲人，所以他說這是在巴黎的宿敵捏造，以貶損他的理論體系。後來，了解真有費城的富蘭克林存在後，他寫了一封公開信（其實主要是寫給我看）以捍衛他的理論，否定我的實驗，由此推斷見解的真實性。

我一度打算答覆神父（其實已經開始寫了），但考慮到我的作品僅是實驗描述，這些實驗誰都可以重複和證實，得不到證實，也無法捍衛；或者是觀察資料的描述，當作推測提出，而不是當作信條宣布，所以我沒有義務去捍衛它。再者，兩人之間的爭論用兩種迥然不同的語言寫出來，由於翻譯有誤，又引起對彼此意思的誤解，因為神父信中很多內容都是以翻譯中的某個錯誤為根據。這樣一來，爭論會沒完沒了，於是我決定讓我的文章自主沉浮。我相信利用公眾事務之餘的時間做新的實驗，比耗時間爭論已經做過的實驗強。

因此我從沒回覆諾萊先生，對這件事保持沉默也不覺懊悔。但是我的朋友、皇家科學院院士勒魯瓦[28]挺身而出維護我的主張，並批判諾萊先生，我的書被譯成義大利文、德文和拉丁文，書裡的理論也逐漸被歐洲的科學家廣泛採用；那位神父的學說漸漸遭受冷落，他在有生之年看到自己派別的末路，追隨他的只有B先生[29]——他的門生和親傳弟子。

我的書之所以引起關注，是因為達里巴爾和德洛爾兩位先生在馬爾利把書中建議的從雲層吸引閃電的實驗做成功[30]，引起大家的注意。德洛爾先生講授科學，並有一套實驗設備，因此開始重複他所謂的費城實驗，在宮廷操作之後，巴黎好奇的人們蜂擁而來，要看個究竟。我不想贅述那個實驗，也不聒絮不久後我在費城用風箏做類似實驗成功的無限喜悅，因為二者在電學史上都可找到。

一位英國物理學家賴特博士[31]當時正在巴黎，他寫信給皇家學會的一位朋友，說我的實驗在國外學術界推崇備至，納悶為什麼在英國反遭冷落？於是學會重新深思那些已經宣讀過的信件，著名的華生博士[32]把這些信和爾後我寄到英國關於這課題的文稿寫成摘要，並加了一些對作者的讚語。

這份摘要後來刊登在皇家學會的會刊上，在倫敦的學會會員，尤其是聰明絕頂的坎頓先生[33]，進行用一根尖竿從雲層獲取閃電的實驗，並把成功的消息告知學會，他們很快破格修正原先對我的輕蔑態度。我沒有申請入會，他們主動投票選我為學會會員，並且投票免除高達二十五幾尼的慣例會費，免費贈送會刊。他們還授予我一七五三年的戈弗雷·科普利爵士[34]金質獎章，頒獎儀式上會長麥克爾斯菲爾德勳爵[35]發表精采的演說，對我讚譽有加。

注解

【1】富蘭克林的民兵議案免除貴格會信徒和其他出於良心道德的反對者，規定自願加入，連隊各級軍官選舉產生，實際上並沒有提軍事訓練事宜。最終英國政府於一七五六年七月七日予以否定。

【2】這篇對話與民兵法令發表在一七五六年二月和三月的《紳士雜誌》上。——富蘭克林注。《X，Y和Z之間的對話》最初發表在一七五五年十二月十八日的《賓夕法尼亞報》上。一七五六年三月二十六日在《紳士雜誌》上轉載。《民兵法令》發表在二月的《紳士雜誌》上。

【3】正確的叫法是吉內登哈騰（意為「恩舍」），即現在賓夕法尼亞的魏斯堡，位於伯利恒以北約二十五英里處，一七七五年十一月二十四日被印第安人摧毀。駐紮在那裡的新部隊於一七五六年一月一日被打敗。

【4】摩拉維亞派（即統一弟兄會）信徒於一七三五年從德國薩克森地區來到賓夕法尼亞。他們的中心是六年以後建立的伯利恒。

【5】賓夕法尼亞東北部特拉華河谷地區的印第安人部落。在斯特勞茲堡和米爾福德之間。

【6】富蘭克林是在一七五六年一月十五至十八日從伯利恒趕往吉內登哈騰。

【7】總共十一個，兩個逃脫。

【8】查理斯·克標頓·貝蒂（約一七一五至一七七二），後來在賓夕法尼亞的深溪長老會做牧師，並擔任新澤西學院的受託管理人。

【9】液量單位，等於四分之一品脫。

【10】富蘭克林將這一圍椿命名為艾倫堡；另外兩座由他派出去的小分隊修建，東北約十五英里處的是諾

里斯堡；西南約十五英里處的是富蘭克林堡。

【11】威廉．克拉彭（？至一七六三），著名的邊疆英雄，後來被印第安人殺死，並割去頭皮。

【12】民兵軍官選舉在十二月二十二日至二十四日舉行，莫里斯總督拒絕接受投票選舉為合法，引起騷亂，不過富蘭克林的支持者具有足夠的民眾後盾取得勝利。

【13】即湯瑪斯．邦德。

【14】富蘭克林是一七五六年二月二十三日被委任。從英國來的宣布民兵法令無效的消息於一七五六年十月中旬到達費城。

【15】埃弗拉德．福克納（一六八四至一七五八）於一七五四年被任命為郵政管理局局長。

【16】應為阿奇博爾德．斯賓塞（約一六七八至一七六〇），英格蘭愛丁堡人，他在北美各殖民地舉辦電學講座。

【17】彼得．柯林森（一六九四至一七六八），皇家學會會員，倫敦貴格會信徒，植物學家。他與富蘭克林和其他殖民地的科學家們經常有書信來往。他負責出版富蘭克林著名的《電的實驗與觀察》（一七五一）。

【18】其實是玻璃棒，用布摩擦可生電。

【19】埃比尼澤．金納斯利（一七一一至一七七八），費城的學校校長，富蘭克林電學實驗的主要合作者。

【20】約翰．米切爾（？至一七六八），英國物理學家、博物學家，在美洲生活過幾年。他的北美地圖（一七五五）最為世人矚目，並在一七八二至一七八三年英國和各殖民地的和平談判時被使用。

【21】富蘭克林低估英國科學家對他報告的評價，很多人承認他的實驗的重要性。

【22】約翰．福瑟吉爾博士（一七一二至一七八〇）。

【23】愛德華．凱夫（一六一九至一七五四），《紳士雜誌》（一七三一至一七五四）的出版人，該雜誌提供不少篇幅登載富蘭克林和美洲的消息。

【24】《富蘭克林的〈電的實驗與觀察〉序》。

【25】布封伯爵喬治—路易·勒克雷爾（一七〇七至一七八八），著名的法國博物學家。他的物種（包括人）在新世界必然趨向退化的理論激起湯瑪斯·傑弗遜在《弗吉尼亞州箚記》（一七八四）中的反駁。

【26】托馬—弗朗索瓦·達里巴爾（一七〇三至一七九九），法國物理學家，他將富蘭克林的《電的實驗與觀察》譯成法文（一七五二）。

【27】讓—安東莞·諾萊（一七〇〇至一七七〇），法國首席電學家。他的理論遭到富蘭克林作品的質疑。諾萊抨擊富蘭克林，一時把電學分為富蘭克林派和反富蘭克林派。

【28】讓—巴蒂斯特·勒魯瓦（一七二〇至一八〇〇），法國物理學家。他發明第一個實用的發電機，而後又改良了避雷針。

【29】馬蒂蘭·雅克·布里松（一七二三至一八〇六），約瑟夫·普里斯特利的《電的歷史與現狀》（一七六七）的法文譯者。

【30】富蘭克林在一七四六年前後開始做電學實驗。一七五〇年他提出在高塔或尖塔裝一根棒從雷雲中吸引「電流」的方法，證明閃電和電相同。這種相同性以前別人提出過，但富蘭克林是第一個建議用實驗證明這一主張的人。他的理論發表在《電的實驗與觀察》（一七五一）中。此書一七五二年譯成法文後，達里巴爾和他的助手德洛爾於一七五二年五月一日在法國馬爾利鎮第一次做這實驗。富蘭克林直到一個月後，即一七五二年六月才用風箏，而後是尖塔做實驗。

【31】愛德華·賴特（？至一七六一），蘇格蘭物理學家，皇家學會會員。

【32】威廉·華生（一七一五至一七八七），英國物理學家和博物學家，他發展一種與富蘭克林的理論類似的電學理論。一七五六年他和其他科學家提名富蘭克林為皇家學會會員。

【33】約翰·坎頓（一七一八至一七七二），倫敦的學校校長兼科學家。他是第一個嘗試富蘭克林電學試驗的英國人。他的實驗激發富蘭克林進一步研究。

【34】戈弗雷·科普利爵士（約一六五四至一七〇九）遺贈一筆基金作為年度獎金，由皇家學會頒發給對人類知識做出貢獻的人。

【35】麥克爾斯菲爾德二世伯爵喬治·派克（約一六九七至一七六四），天文學家和數學家，皇家學會會長。

第十二章

新總督丹尼上尉幫我把上述獎章從皇家學會寄過來，並在市府為他舉辦的接風會上頒發給我。他還非常禮貌地表達對我的景仰，說他早就了解我的品格。飯後，大家按當時習俗喝酒的時候，他把我拉到另一間屋子，告訴我他的英國朋友勸他跟我交朋友，因為我是個能給他最好忠告的人，並且能夠有效幫助他政路亨通。所以他希望和我同心協力，並請我放心，他隨時願意為我效勞。他還說了許多關於領主對本地區的仁義之舉，如果能夠拋棄長期對他的反對，便能恢復他和百姓之間的和諧，對大家，尤其對我，都有好處；要成全此事，大家認為誰也比不上我，而且要我大可放心，絕對少不了對我的豐厚酬謝等等。

大家發現我們沒有回到席上，便為我們送來一瓶馬德拉白葡萄酒，總督大人開懷暢飲，喝下的酒愈多，說出口的懇求和許諾也愈多。

我回答，我的情況尚不需領主恩賜；而且身為一名議員，我也不可能接受。我對領主沒有個人恩怨，只要提出的公共政策對百姓有益，我會以最大的熱情擁護和推動。過去之所以反對，是因為所主張的政策顯然是為領主的利益服務，嚴重損害百姓的利益。我很感激他（總督）對我的關心，而且要他放心，我會盡全力幫他順利施政，同時希望他不會像前任一樣被一些不幸的指令捆手綁腳[1]。

聽到這話，他沒有替自己解釋。後來他和議會打交道時，這類指令又接踵而來，爭執再起，我一如往常積極反對，做為議會的文書，首先反對傳遞指示的要求，反對對指示做任何評論，這些情況可以在當時的決議案和我後來出版的《歷史評論》[2]中找到。

我們之間並沒有個人嫌隙，我們經常在一起。他是個文人，閱歷頗深，談話妙趣橫生，引人入勝。他告訴我，我的老朋友詹姆斯．拉爾夫依然健在，在英國是優秀的政論作家之一，備受推崇，曾受僱參與過弗雷德里克親王和國王之間的爭論[3]，拿過三百英鎊的年俸。他當詩人名聲不大，蒲柏在《愚人記》[4]中把他的詩說得一文不值，但人們認為他的散文不在任何人之下。

議會終於發現領主們頑固不化，一心要用既違背百姓權利又有礙對國王效忠的指示，限制住他們的代理人，於是決定將領主的所作所為奏報國王，指定我當代表前往英國呈遞奏章提供證據。在此之前，議會曾提交過一份議案給總督，要求撥款六萬英鎊供國王使用（其中一萬英鎊由當時的將軍勞登勳爵[5]支配），但總督按照領主的指示否決。

我已經跟紐約郵船莫里斯船長[6]說好搭他的郵船前往，行李已經上船，這時勞登勳爵士趕到費城，說要努力促成總督和議會的和解，不要因為雙方的分歧阻礙對國王陛下的效忠，所以他希望總督和我面見他，聽取雙方的意見。

我們見面商討，我代表議會力陳種種理由，這些都可在公文中找到，因為都是由我起草，跟議會的會議紀錄一起印在紙上；總督則辯護他接受指示進行，他已保證所以必須履行，如有違背等於自毀前程，但如果勞登勳爵士相勸，他願意冒險一試。但爵士不肯這麼做，儘管我一度認為就要說服總督了，爵士最後卻寧願敦促議會順從，要求我盡一切努力說服議會；說明從國王的軍隊裡可能抽調不出一兵一卒保衛我們的邊疆，如果我們不繼續自己準備防衛，邊疆只能暴露給敵人。

我把談話的經過向議會報告，並提交一份我起草的決議案，表明我們的權利，宣稱我們沒有放棄主張這些權利，只不過在這威逼的場合之下暫緩行使而已，我們對於威逼是反對的。議會最終同意放棄那項議案，制訂另外一項順從領主指示的議案，這議案總督當然批准，我也可以無拘無束揚帆遠航。但就在這幾天，郵船卻已經帶著我的用品開走了，這對我來說是個損失，唯一的補償就是爵爺感謝我幫忙的幾句客套話，達成和解的功勞則統統記在他帳上。

他已搶在我前面去了紐約，由於郵船的發派時間由他決定，當時那裡有兩艘船，他說一艘很快就要起航，我要求確切的時間，怕誤了船期；他回答：「已經公開宣布船在下週六起航，不過私下告訴你，趕在週日早上到也還來得及，不過不能再拖。」

由於在渡口被偶發事件耽擱，我在週一中午才匆匆趕到；由於是晴朗的天氣，我擔心船已開走，但我很快鬆了一口氣，因為船還停在港裡，第二天才起航。當時我以為就要啟程前往歐洲，但我對爵爺的性格還沒摸透，原來躊躇不定是其性格最大特點之一。我不妨舉幾個例子。

我大概在四月初來到紐約，我想起航時快到六月底[7]。當時有兩艘郵船長期停在港內，就是要等這位爵爺的信件起航，總說明天就送過來。又來一艘船，也被滯留，我們起航時第四艘船就要到了。我們的船先走，因為等待的時間最長。艙位已被乘客訂完，商人們一個個像熱鍋上的螞蟻，擔心手裡的信件和已投保（因為正值戰時）的秋季貨物訂單，但焦急也白搭；爵爺的書信尚未完成。凡是去拜訪他的人發現他總是伏案握筆，由此推定他肯定有千言萬語要付諸筆墨。

有天早晨，我也前去拜見，發現候見室裡坐著一位叫英尼斯[8]的費城信使，他帶著丹尼總督給將軍的信函專程趕過來。他把我朋友的幾封信交給我，我問他的歸期和投宿處，我好請他捎幾封信回去。他告訴我他接到命令明晨九點來拿爵爺給總督的回信，然後立即動身。我當天就把信交給他。兩週後我在同一地點見到他。

「英尼斯！回來了？」

「不是，我還沒走呢！」

「怎麼回事？」

「過去這兩個禮拜我每天早晨遵命前來取信，到現在還沒寫好。」

「不會吧，他這麼會寫，我看見他總是在伏案疾書呀！」

「是呀，他就像招牌上的聖喬治[9]，老騎在馬背上，永遠都不往前走。」

這位使者持之有故，言之成理；到了英國之後，我才了解皮特先生[10]將這位爵爺解職，派安默斯特和沃爾夫接任，理由就是大臣們聽不到他的音信，無法知道他的作為。

天天盼著起航，三艘郵船準備駛向沙鉤[11]，跟艦隊會合，乘客認為待在船上最保險，免得突然命令來可以開船，自己卻被留下。如果我沒記錯，大約在船上待了六個禮拜，把準備的儲糧都消耗殆盡，不得不再去添購。

艦隊終於起航，將軍和軍隊統統上船，朝路易堡前進，打算圍攻並拿下堡壘[12]；所有郵船一起前往，奉命在將軍的船艦旁，隨時準備接收他備好的急件。在海上耗了五天，總算等到一封信和離開許可，於是我們的船離開艦隊駛往英國。其他兩艘船跟著他前往哈利法克斯[13]，在那裡待了一段時間演練軍隊，對假堡壘進行假攻擊，隨後又改變圍攻路易堡的主意，帶領全軍返回紐約，連同那兩艘郵船和船上的乘客。

法國人和野蠻人趁他不在的時候，拿下邊境上的喬治堡[14]，野蠻人[15]屠殺投降後的守軍。

後來我在倫敦遇見主管其中一艘郵船的邦內爾[16]船長，他告訴我，他被滯留了一個月之久，在此期間他報告爵爺，他的船底已經長滿海藻、貝殼等，這在某種程度上會妨礙船快速航行，對郵船來說，這是一個嚴重的問題，因此要求給他時間清理船底。

將軍問需要多少時間，他回答三天。將軍說：「如果一天能做完就批准，否則不行。而且，後天一定要啟航。」

就這樣，他從來沒得到批准，此後等了一天又一天，足足等了三個月。

我在倫敦見過邦內爾船上的一名乘客，他對爵爺讓他在紐約滯留這麼久，後來還挾持到哈利法克斯，再回紐約這事感到義憤填膺，發誓要告他以賠償損失。他是否提告，我無從得知；不過照他所說，這對他事業的損害十分嚴重。

總而言之，我百思不得其解，怎麼能把統帥大軍的重任託付給這麼一個人呢？後來見多識廣，明白汲汲求爵的手段和動機，就見怪不怪了。

在布雷多克死後擔任軍隊指揮的謝利將軍如果繼續做下去，我認為會比勞登一七五七年的戰績出色得多。勞登輕率發動戰役，既浪費錢，又使國家蒙受難以想像的恥辱。儘管謝利不是軍旅出身，但他明達事理，多謀善斷，又能傾聽別人的忠告，既能制訂高瞻遠矚的計畫，又會積極地付諸實施。而勞登不但沒有用大軍保衛殖民地，反而在哈利法克斯招搖炫耀，結果使殖民地完全處於無人防守的境地，因而丟了喬治堡。此外他長期禁止糧食出口，藉口是使敵人無法獲得補給，實際上是為了打壓糧價，讓承包商獲利。據說，不過也僅是懷疑，其中他也有一份，這做法打亂所有的商業活動，使貿易一蹶不振。後來海上封鎖令解除，但忘了通知查爾斯頓，讓卡羅來納的艦隊多待了三個月，結果船底由於蟲蛀多處壞損，以致大部分船隻在歸程中葬身海底。

我相信謝利對卸任感到由衷高興，因為統領一支軍隊對於不諳軍事的人來說，擔子實在沉重。勞登接任司令一職，紐約市舉辦慶祝會，我前去參加，謝利雖然卸任但也出席。會上賓客如雲，有官有民，有熟人，有生客，人多座位少，只好向鄰里借些椅子，其中一把非常矮，恰巧排給謝利先生。我坐在他旁邊看在眼裡，於是說：「先生，他們給你的座位太低了。」他說：「沒事，富蘭克林先生，我發現座位低最舒坦！」

前面說過，我在紐約滯留期間，收到我為布雷多克採辦軍糧等物的全部帳單，有些帳單還在我僱用協辦此事的人員手中，一時還收不齊。我把帳單交給勞登勳爵，希望他付清餘額。他請主管官員按規定逐一核查，確認無誤，所欠餘額爵爺答應給我一張到軍需官那裡提款的匯票。但這事一拖再拖，儘管我多次約好前去領取，但始終沒拿到。最後在我啟程前，他告訴我，經過周密考慮，決定不把帳單和前任的混在一起。

他說：「你到英國，去財政部報帳很快就可以領錢。」

我提到我被迫長期滯留紐約，意外開銷太大，想馬上領到現金；我還說索回墊款天經地義，再對此推三阻四，實在說不過去，何況我是無償服務。但說也是白說，他說：「噢，先生，你可別以為我們相信你兩袖清風。這類事大家清楚得很，誰不知道為軍隊提供補給，哪有不千方百計中飽私囊的道理？」

我保證情況絕不是這樣，我從沒往自己口袋裝過一分錢，但他至始至終不相信，我後來了解有人常從這種差事中大發橫財。至於欠我的餘款，時至今日尚未償還，此事後面還要講到。

我們起航前，船長誇張地說著這艘船速度有多快，但一出海，卻證明這艘船是九十六艘航船中最慢的一艘，這使船長很沒面子。大家對慢的原因眾說紛紜，這時在一艘幾乎一樣慢的船附近，然而那艘船卻超過我們，於是船長命令所有人到船尾，盡可能靠著旗杆站。所有乘客約四十多人，站到船尾後，船速加快了，很快就把相鄰的那艘船遠遠甩在後面，這證實船長的懷疑，船頭超重。一桶桶水原來都放前面，他下令都搬到船尾；這船恢復以往表現，證明自己是船隊中的佼佼者。

船長說這艘船的速度曾達到十三節，相當每小時十三英里[17]。船上有名乘客是海軍的甘迺迪船長[18]，他認為不可能，從沒有這麼快的船，一定是測速繩的分度有誤，不然就是拋測速木出差錯[19]。

於是兩位船長打賭，等風力足夠的時候決勝負。甘迺迪嚴格檢查測速繩，表示滿意，於是決定親自拋測速木。過幾天，天氣晴朗，風又大，郵船船長（路德維希）說他認為船速達到十三節，甘迺迪做了一番測試，承認他輸了。

我提這件事情是為了說明以下觀點：人們常說造船有個缺點，就是新船好不好，要下水試過才知道。所以有一艘好船做樣板，新船就依樣畫葫蘆，一成不變，但事實證明卻恰恰相反，新船反而慢得不得了。

據我了解，部分原因是對貨物裝載、船具配置和駕駛方法上船員意見分歧，各有各的辦法。同一艘船，按照一位船長的判斷和命令裝貨，運行很好；按照另一位船長的判斷和命令裝貨，運行則差。另外，一艘船的建造、裝配下海、揚帆航行很難由同一人完成。一個人製造船身，另一個人配備帆索，第三個人裝貨、駕駛。沒有人知道另外兩人的想法和經驗，所以不能全面綜合，得出正確結論。即便是航海這樣簡單的操作，我也注意到指揮值班船員的人判斷各不相同；儘管風力一樣，把風帆調整得張揚還是服貼各有各的做法，沒有定規可循。我認為不妨著手做實驗，先確定最適合快速航行的船形；再確定桅杆的大小和適合安裝的位置；然後確定帆的形狀和數量，以及隨風而變化的態勢；最後確定貨物的放置。這是個實驗的時代，準確無誤做綜合性的實驗，將會大有用處。我相信過不了多久，某個有頭腦的科學家一定會這麼做，我希望他會成功。

這次航程，我們被追趕好幾回，但現在一艘艘都甩在後面。三十天後，到了測深繩所能到達的近岸水域。測天定位十分準確，船長判斷要進的港口（法爾茅斯）[20]近在眼前，如果夜裡全速行駛，明早就可以到達港口外的海面上，而且夜裡快速行駛可以避開敵人武裝民船的注意，因為它們常在英吉利海峽的入口附近巡邏。於是我們揚起所有風帆，風又大又順，乘風破浪，快速前進。船長測天定位之後調整了航向，他認為這樣可以遠遠避開錫利群島[21]；然而，聖喬治海峽[22]有時有股強烈的潮流湧動，矇騙海員，我們之所以失去克勞茲利．肖維爾爵士[23]，這股潮流也許就是出事的原因。

我們在船頭安置一名負責瞭望的船員，常常有人朝他喊「注意正前方」；他也常常回答「明白，明白！」但也許當時他正閉著眼睛在打瞌睡，也或許他是機械式回答，因為他沒看見一盞燈光就在前面，由於被翼帆擋住，舵手和其餘的瞭望者都看不見。等到船偏離航線，燈光才被發現，引起極大的驚慌，我們離燈光非常近，我覺得它大得像個車輪。時值半夜，船長正呼呼大睡。危險在即，甘迺迪船長跳上甲板，在沒有時間落帆的情況下命令船頭轉向，這麼做對桅杆極危險。但當時我們正朝矗立著燈塔的礁石開去，如此使我們成功避開礁石，免於沉船之難。這次脫險使我強烈感受到燈塔的作用，使我狠下決心鼓勵人們在美洲多建燈塔，如果我能平安回去的話。

早晨，透過水深測量等法發現離港口不遠，但陸地被大霧籠罩，無法看見。九點左右霧開始升起，就像劇院的布幕，從水面上升起來，露出法爾茅斯鎮、港裡的船隻和周圍的田野。對於長期只見一片汪洋的人來說，這真是一幅令人賞心悅目、美不勝收的景象！更使我們欣喜的是，終於擺脫戰雲瀰漫造成的憂慮。

我帶著兒子立即動身前往倫敦，只在沿途稍做停留，參觀索爾茲伯里平原上的懸石壇[24]和威爾頓的彭布羅克勳爵的公館威爾頓公館[25]和花園，以及他那些非常珍奇的古董。我們於一七五七年七月二十七日抵達倫敦[26]。

注解

【1】做為領主，湯瑪斯・賓給他的「總督」或代理下達指示。議會把這些命令和英國內閣的命令區分開，對後者他們願意服從。一七五六年九月二十三日，議會譴責給「總督」的私人指示，一七五七年富蘭克林被派往倫敦「伸冤」，其中一條就是撥款問題。

【2】《賓夕法尼亞體制和政府的歷史評論》為理查・傑克遜所作，但是由富蘭克林掏錢出版（一七五九），並提供許多資料。

【3】威爾士親王弗雷德里克・路易士（一七〇七至一七五一），反對他父親喬治二世（一六八三至一七六〇）的政黨領袖。弗雷德里克尚未登基就已去世，是一七六〇至一八二〇年在位的喬治三世（一七三八至一八二〇）的父親。

【4】亞歷山大・蒲柏在《愚人記》第二版（一七二八）第三卷第一五九至一六〇行中回擊拉爾夫對他的詆毀。

【5】四世勞登伯爵約翰・坎貝爾（一七〇五至一七八二），一七五五年布雷多克戰敗後任英軍美洲部隊司令。

【6】威廉・莫里斯為「哈利法克斯號」郵船的船長。

【7】在一七五七年六月二十日。

【8】應為詹姆斯・恩尼斯（約一七〇九至一七七四），賓夕法尼亞政府的官方信使。

【9】英國酒館招牌上都畫有聖喬治騎馬屠龍的像。聖喬治是英格蘭的守護神。

【10】威廉·皮特（一七〇八至一七七八），英國首相，美洲事業的捍衛者，他解除勞登北美英軍司令的職務，由少將傑弗瑞·安默斯特勳爵（一七一七至一七九七）接替。詹姆斯·沃爾夫準將（一七二七至一七五九），在安默斯特領導下，指揮英軍於一七五九年九月攻占魁北克。

【11】新澤西東部的海岸半島，在哈德遜河口。

【12】勞登計畫於一七五七年進攻路易堡，結果因天氣不好和法國守軍力量太強而受阻。

【13】英國殖民地新斯科舍的首府。

【14】喬治湖上的威廉·亨利堡，在紐約東北。

【15】指法國的印第安人聯軍。

【16】約翰·多德·邦內爾，「哈利奧特號」郵船的船長。

【17】應當是十三海里，約合每小時十七英里。

【18】小阿奇博爾德·甘迺迪（？至一七九四），富蘭克林朋友的兒子。

【19】過去船速是這樣測量的：向舷外拋一根圓木，圓木上綁著一根繩子，繩子隔一段打一個結。船行走時圓木（在水裡是固定的）把繩子拉過船尾舷欄，把在規定時間裡拉過舷欄的繩節數一數，船速就可以測算出來。

【20】英國西南角的一個海港。

【21】位於英國西南二十五英里處。

【22】在英國和愛爾蘭之間。

【23】應為克洛迪斯利·肖維爾（一六五〇至一七〇七），安妮女王的海軍上將，一七〇七年十月二十二日他的艦隊在群島附近觸礁沉沒。

【24】不列顛的史前巨石柱群，在索爾茲伯里北面約十英里處。

【25】彭布羅克伯爵赫伯特家族的家宅，英國莊園豪宅之一。菲力浦·錫德尼爵士（一五五四至一五八六）

在此地創作他的田園生活傳奇《阿卡狄亞》。

【26】富蘭克林於七月十七日抵達法爾茅斯，七月二十六日晚到達倫敦。這是《自傳》第十一章的結束語，富蘭克林的兒子於一八一八年印行的手稿的最後一句。

part 4

寫於一七八九年十一月十三日到一七九〇年四月十七日富蘭克林去世之間，地點可能在費城。

第十三章

我在查理斯[1]先生提供的住處安頓下來，就去拜訪福瑟吉爾博士，因為有人把我舉薦給他，並勸我聽取福瑟吉爾博士對訟訴問題的建議。他反對直接向政府投訴，認為應先親自向領主們提出申請，他們可能在某些私交的干預或勸導下讓事情平和過去。

於是我又拜訪了和我常有書信往來的老朋友彼得．柯林森先生[2]，他告訴我，維吉尼亞大商人約翰．漢伯里[3]要求我到之後通知他，他可以帶我去見當時的樞密院院長格蘭維爾勳爵[4]，勳爵也希望盡快見到我。我同意第二天早上前去拜訪。漢伯里先生如約來接我，用他的馬車送我至格蘭維爾勳爵府上，勳爵極其禮貌地接待我；問了幾個關於美洲現狀的問題，議論一番，然後對我說：

「美洲人對政治體制的性質有些錯誤的看法；你們說國王下達給總督的諭旨不是法律，認為你們可以自作主張隨意照辦或違抗。然而這些諭旨不像交給出國公使的錦囊細諭，不外乎提示禮儀上的行為規範。這些諭旨都是先由精通法律的法官起草，然後在樞密院進行審議、辯論或修改，最後才由國王簽署下達。這些諭旨對你們而言就是國法；因為國王就是殖民地的立法者。」

我告訴爵爺，這理論對我來說很新奇。根據特許狀我一直這樣理解：我們的法律由議會制定，再呈報國王御准；一旦批准，國王就不能撤銷或者更改。議會沒有國王的批准不得制定永久性法律；同樣地，國王也不能避開議會制定法律。

他聲稱我完全錯了，但我不這麼認為。爵爺這番談話使我擔心宮廷對我們的看法，一回到寓所，我就趕快記下來。我回想起大約二十年前，內閣提交給議會的一項議案中有一條，建議將國王的諭旨定為殖民地的法律。但被下議院否決，正因為如此，我們尊他們為朋友，自由的朋友。直到一七六五年，我們才明白他們之所以拒絕把這主權交給國王，是為了留給自己[5]。

過幾天，福瑟吉爾博士與領主們談過後，同意在春園托．賓先生[6]的府上接見我。談話開始時，雙方都宣稱會做合理的通融；但我估計對合理的含義各有各的想法。然後開始逐項審議我列出來的投訴要點，領主們盡可能為自己辯護，我則提出議會做得有理。這時候我們才發現彼此觀點差距太大，達成共識的希望十分渺茫。最後決定我將投訴要點整理成書面資料，他們答應會考量其中的內容。我很快整理好資料交給他們[7]，可是他們卻把資料交給律師費迪蘭多．約翰．帕里斯[8]，此人替他們處理與相鄰的馬里蘭領主巴爾的摩勳爵達七十年之久的訴訟案相關法律事務[10]，並替他們代寫與議會爭執的所有信函。此人態度傲慢，容易動怒；我偶爾在議會的回覆中嚴詞批駁過他的文，所以他對我懷有極大的怨恨，這點可以在我們每次相遇時看出來。於是我拒絕領主要他和我討論關於投訴要點的建議，提出除非領主們本人，別人來談我一概不接受。

領主們聽他的勸告，把資料交給檢察總長和副檢察長，徵詢他們的意見和建議，資料一擱差八天就一年，沒有任何回音。期間我屢屢要求領主們回覆，只得到一句話「尚未接到檢察總長和副檢察長的意見。」最後領主們接到什麼意見，我一無所知；他們沒有給我任何消息，卻給議會一封由帕里斯起草、簽字的長信，援引我的資料，投訴我措辭粗魯，不合規矩，並對自己的行為做了一番拙劣的辯解，還說如果議會肯派坦誠人士洽談此事，他們願意息事寧人。這在暗示諷刺我不是坦誠人士。

所謂不合規矩或措辭粗魯，也許就是在資料中沒有用賓夕法尼亞地區真正、絕對的領主如此冠冕堂皇頭銜稱呼他們。我之所以沒用是因為覺得沒必要，那資料的用意是把我說過的意見用白紙黑字寫下來如此而已。

在這段延宕的期間，議會已經說服丹尼總督通過一項法令，領主的田產和平民一樣要徵稅；這是爭論的重點，所以對那封信不必再回覆。

法令送達英國時，領主們在帕里斯的建議下，決定千方百計不讓國王批准。他們在樞密院向國王請願，於是下令進行審理；審理時，領主們僱兩名律師反對這項法令，我也請兩名予以支持。

領主們宣稱這法令意在加重領主田產的負擔，以減輕百姓田產的負擔，如果這法令有效，與平民有仇的領主在劃分納稅比例時會受民眾的擺布，領主勢必破產。

我們回答這項法令沒有這種意圖，也不會產生那樣的結果。稅款評估人都很誠實謹慎，宣誓評估會公正平等，想用加重領主稅款的辦法減輕自己的稅款，好處微乎其微，不需要發這個假誓。

我記得這是雙方力陳的要點，此外我們還強調廢除這法令必然產生的惡劣後果；因為已經印製十萬英鎊的紙幣交給國王使用[10]，花在國王的服務上；現在錢幣在民間流通，法令一旦廢除，百姓手中的錢立即成為廢紙，會導致許多人破產，而且會徹底傷害將來撥款的積極性，我們義正詞嚴強調領主的自私將引起一場大災難，僅因為他們害怕對他們的田產徵稅過高。

聽到這番話，樞密院一位成員曼斯費爾德勳爵[11]趁律師們辯論的時候站起來，向我招手，把我帶進祕書室裡，問我是否真的認為推行這項法令，不會損害領主的田產？我說肯定不會。

於是他說：「你不會反對訂約對此保證吧？」

我說：「絕不反對。」

於是他叫帕里斯進來討論，曼斯費爾德勳爵爺的建議雙方都表示接受。樞密院祕書起草一份合約，曼斯費爾德勳爵回到樞密院議事室後，我和查理斯先生一起簽字，他是該地區的日常事務代理，法令總算通過。有人提出幾條修改意見，我們答應在以後的法令中修改，但議會認為沒必要。在樞密院命令下達前，根據這條法令已經徵稅一年，所以議會委任一個委員會審查估稅人員是否公正，委員裡有領主的幾位朋友。經過調查，委員們簽署一份報告，一致確認估稅完全公平。

議會認為我簽訂的合約第一部分對本地區有重大貢獻，保證了通行紙幣的信譽。我回來後，他們正式表示謝意。然而領主們因為法令通過暴跳如雷，將丹尼總督一腳踢開，威脅要控告他違背必須遵守的指示。然而丹尼是在將軍的敦促下，又為效忠英王陛下才通過這項法令，況且他在宮廷有一定勢力，並沒把威脅當一回事，後來也不了了之……

富蘭克林《自傳》的手稿在四個不同場合歷時十九年寫成。

第一部分是寫給他時任新澤西總督的兒子威廉·富蘭克林（約一七三一至一八一三）的信。那時富蘭克林正在特懷福德村，強納森·什普里主教鄉間的家中做客，那是一個離倫敦五十英里的村莊。他在一七七一年七月三十日動筆，八月十三日寫完。此後富蘭克林再沒有往下寫。

十三年以後，富蘭克林任新建立的美利堅合眾國駐法國公使，在法國居住時繼續寫第二部分。最後兩部分分別寫於一七八八年八月和一七八九至一七九〇年冬天。後來富蘭克林因病歇筆。所以他生平記述只寫到一七五八年就與世長辭了。因此沒寫他作為一名外交官和公僕的光輝成就。

《自傳》的第一部分於一七九一年由雅克·比松出版法文譯本，富蘭克林的孫子威廉·坦普爾·富蘭克林於一八一八年出版《自傳》另一個版本，但他手裡沒有富蘭克林寫的最後一部分，因為他糊里糊塗用它換法文譯者手中的第一部分。直到一八六八年，約翰·比奇洛出版現在見到的包括四個部分的完整《自傳》。

注解

【1】羅伯特·查理斯（？至一七七〇）於一七三九年回到英國，成為紐約和賓夕法尼亞的代理。

【2】彼得·柯林森（一六九四至一七六八），圖書館會社駐倫敦代理、商人，常與很多科學家通信。

【3】約翰·漢伯里（一七〇〇至一七五八），倫敦的貴格會信徒，世界上最大的煙草商。

【4】格蘭維爾一世伯爵約翰·卡特雷特（一六九〇至一七六三），國王樞密院院長（一七五一至

一七六三），樞密院裁決富蘭克林控告領主的案件。

【5】一七六五年發布的印花稅法規定英國議會直接向美洲殖民地徵稅，引起殖民地反對，導致十年後的美國革命。一七六六年議會將該法廢除，通過公告，主張議會有權為殖民地立法，毋須殖民地的同意。

【6】湯瑪斯·賓於一七四一年後住在英國，但仍是賓夕法尼亞的領主，一直當到一七七五年，和富蘭克林積怨很深。

【7】富蘭克林於一七五七年八月二十日呈交他的「投訴要點」。

【8】應為約翰·費迪蘭德·帕里斯（？至一七五九），專門處理殖民地事務的律師，賓家的法律顧問。

【9】巴爾的摩五世男爵查理斯·卡爾費特（一六九九至一七五一），馬里蘭領主。賓夕法尼亞和馬里蘭的邊界於一七六五至一七六七年勘測梅森至狄克森線時才算畫定。

【10】也就是給英王政府官員花用。

【11】曼斯費爾德男爵威廉·默里（一七〇五至一七九三），英國高等法院首席法官。他支持後來針對反叛殖民地的各項強制條例。

致富之路

文雅的讀者：

據說一名作者最大的快樂莫過於發現自己的作品被其他博學作家敬佩地引用，我難得有機會享受這種快樂。如果我能淡泊地說，雖然我是年鑑的傑出作者，年鑑每年一冊，已出了整整四分之一世紀。可是我不知道什麼原因，同行的作家朋友一直吝惜他們的讚詞，其他作家則根本沒注意到我。因此，如果我的作品沒有給我帶來好處的話，缺少恭維這方面也十分令人喪氣。

最後，我得出結論：人民善於鑑定我的功過，因為他們買我的作品。再說，我閒逛的時候，人們不認識我，可是常常聽到有人引用我的格言，引用完還加一句「窮人理查就是這麼說的。」這給我某種滿足，這不僅說明我的教導受到重視，而且人們對我的權威有所尊重。我承認，為了鼓勵背誦、複述佳句的做法，我有時候會嚴肅認真地引用我自己的話呢！

告訴你一件小事，看我從中得到多大的滿足。不久前我自己的馬停在一個商品拍賣處門口，那裡聚集了一大群人。由於還不到營業時間，人們便議論起時世的艱難。人群裡有人對一個滿頭白髮的老頭喊道：「請問，亞伯拉罕大爺，你看世道如何？這些重稅難道不會把國家毀掉嗎？我們怎麼繳稅呀？你對我們有什麼指教呢？」亞伯拉罕大爺站起來答道：「你們想聽我勸告，我就簡短說幾句。因為**智者一言已足，言多於事無補**，窮人理查就是這麼說的。」

大家都希望他談談自己的想法，所以把他團團圍住，於是他講了以下的話：

「朋友們，鄰居們，稅實在太重，如果要繳的僅是政府徵的稅，倒比較容易。可是還有許許多多稅，對有些人來說難以忍受。懶惰抽兩倍稅，驕傲抽三倍稅，愚蠢抽四倍稅，稅務局長們即使允許減稅，也不能減輕或繳納這些稅。不過聽聽忠告，也許還有辦法。**自助者天助**，窮人理查在他一七三三年的年鑑是這麼說的。

如果政府把人民用在替它服務的時間的十分之一抽稅，那政府未免太苛刻了。如果把在絕對怠惰或無所事事的時間加總起來，再加上用在毫無用處的閒事或娛樂中度過的時光，那麼，懶惰抽的稅要多得多。怠惰使人生病，從而縮短生命。**怠惰猶如鐵銹，耗損精力快過勞累。常用的鑰匙會發亮**，窮人理查是這麼說的。

倘若你熱愛生命，就別浪費光陰，因為光陰正是構成生命的原料，窮人理查就是這麼說的。在睡眠中度過的時光太多！別忘記**睡著的狐狸抓不到雞，人在墳墓裡將會睡個夠**，窮人理查是這麼說的。窮人理查說得好，**浪費時光是最大的揮霍**，他在別的地方也說：**光陰一去不復返**。所謂的**時間足夠，總是證明時間不夠**。讓我們起來行動，行動要適當。透過努力我們將多做事，少困惑。**怠惰使萬事艱難，勤勉使一切得當**，窮人理查是這麼說的。**起得晚就得整天奔波，到天黑還趕不完自己的工作。懶惰走路慢吞吞，窮困趕上快如風**，在窮人理查的書上讀到的就是這樣。他還說，**必須人逼事，勿讓事逼人。睡得早，起得早，富裕、聰明、身體好**。

嚮往好時光是什麼意思呢？如果奮起努力，就可以創造好時光。**勤奮不需要嚮往**，窮人理查就是這麼說的。**誰靠希望生活，誰就會空著肚子死去，不勞則無獲**。那麼，**雙手勤快點，因為我沒有土地**，如果有土地，就要狠狠對土地抽稅。而且，窮人理查還說，**誰有手藝就有地產，誰有職業就有名利雙收的公司**。可是手藝必須人做，職業也要好好經營，地產和公司都不會給我們納稅的能力。如果勤奮，永遠不會挨餓。因為窮人理查說：**饑餓只在勞動者的家門窺探，卻沒膽量進去**。員警也不會進去，因為**勤勉償還債務，自暴自棄增加債務**，窮人理查說。

你若沒找到財寶，有錢的親屬也沒有留下遺產，有什麼關係？**勤奮是成功之母**，窮人理查是這樣說的，**上帝把一切都交給勤奮。懶漢在睡覺，你就去犁田，到時你糧多好賣錢**。窮人理查說：今日事今日畢，因為你不知道明天有多少障礙。再者，**一個今天抵得上兩個明天。如果明天非做不可，不如今天把事做完**。如果你是個僕人，好主人碰見你在遊蕩，難道你不害臊嗎？如果自己當了主人，**發現自己吊兒郎當，就該感到丟臉**，窮人理查是這麼說的。

如果有許多事情要為自己、為家庭、為祖國、為國王做，曙光初露就要起身。**別讓太陽朝下盯著你說：躺在這兒好丟人**。拿工具幹活別戴手套，記住：**戴手套的貓抓不住老鼠**，窮人理查就是這麼說的。的確，要幹的活兒不少，也許你笨手笨腳，只要持之以恆，就會看到效果不凡。因為**滴水穿石。勤奮、耐心，老鼠也能啃斷鐵繩；小切小砍，斬斷大橡樹幹**，窮人理查年鑑中這麼說，年份我記不起來。

有些人說難道不可有閒暇嗎？朋友，我要告訴你窮人理查的話：**想得到閒暇，就好好利用時光。既然你對一分鐘沒有把握，就別丟掉一小時**。閒暇是準備做有益事情的時光；這種閒暇，勤奮的人會得到，懶漢永遠不會有。所以窮人理查說，**閒暇的生活與懶惰的生活是兩碼事**。怠惰比勤奮更能使你舒暢嗎？不，因為窮人理查說：**懶惰生煩惱，安逸惹酸苦。不勞動的人只靠智謀生活，會因主幹不牢而摧折**。勤奮給人舒適、富足和尊敬；**躲避歡樂，歡樂仍會追逐你。勤快的紡紗工辦法**

比人多。現在我有一隻羊，一頭牛，人人都向我問候。這些話窮人理查講得真好。

除了勤勉，還得堅定不移、小心謹慎、事必躬親，不要依賴他人。因為窮人理查說：

我從未看見常移的樹，
也從未見過常搬的家，
能像安定那樣興旺發達。

他還說：**三次搬遷就像一場火災一樣糟**。又說：**扶持你的商店，商店就會扶持你**。還說：**如果想把生意做成功，自己去；如果不想做成功，派人去**。他還說：

要靠犁頭發跡，必須親手扶犁。

還有，**主人眼睛做的多於雙手做的**。還說，**漫不經心的害處勝過孤陋寡聞**。還說：**不監督工人，就等於把錢包敞開讓他們瓜分**。過多依賴別人的關心葬送許多人的前程。因為年鑑上說：**人在世事中得救，靠的不是信任，而是缺乏信任**。

一個人親自關照有好處。因為窮人理查說：**學問歸勤奮的人，財富歸仔細的人，權力歸勇敢的人，天堂歸有德行的人**。還說，**如果你想要一個忠實的僕人，一個你所喜歡的僕人，那就自己服侍**

自己。他還提出忠告，在極小的事情上也要小心謹慎，因為有時**小疏忽會釀成大災禍**。還說：**由於少一個釘子，失去馬掌。由於少一隻馬掌，失去馬匹。由於少一匹馬，失去騎手**。就因為對馬掌上的釘子不小心，結果被敵人追上殺了。

朋友們，關於勤奮和事必躬親就說到這裡；如果要使自己的勤奮獲得更大的成功，還得加上節儉。一個人如果不知道如何節省自己的收入，也許一輩子累個半死，到頭來還是身無分文地死去。**豐足的廚房造成薄弱的意志**，窮人理查就是這麼說的。而且：

許多田產得而復失，
因為女人嗜茶點不去紡織，
因為男人不砍柴只貪酒食。

如果要致富，另一本年鑑中說，**不僅要想到賺，而且要想到省。西印度沒有使西班牙富裕，因為開支大於收入**。改掉愛花錢的愚蠢行為，那你就沒有多少理由抱怨時世艱難、徵稅過重和家庭開銷太大了。因為窮人狄克說：

色、酒、騙、賭，使人窮苦。

還說：**維護一種惡習，等於養育兩個孩子**。也許你認為，有時喝點茶，喝點酒，吃貴一點的飯，穿好一點的衣服，偶爾有點娛樂活動，並非大不了的事。可是想想窮人理查的話：**許多一點聚成一片**。還說：**謹防小開銷，小漏洞可以沉大船**。還說：**誰一心要吃好，到頭就乞討**。還說，**傻瓜設宴，聰明人前來用飯**。

你們聚集在這裡要買錦衣古玩，你們叫做貨物。如果不當心的話，到頭來就是某些人的禍物。你們希望它賤賣，也許售價比成本還低。假如不需要它，對你們來說就十分昂貴。記住窮人理查的話：**你若買不需要的東西，過不久就得賣你必需的東西**。還說，在便宜貨前躊躇片刻。意思是：也許**看起來便宜，但未必真的便宜**。因為它將使你的生意十分窘迫，這種廉價貨造成的弊多於利。他別的地方又說，許多人因為買便宜貨毀了自己。窮人理查又說：**花錢買後悔，愚蠢透頂**。

可是由於不仔細讀書，這種愚蠢行為每天都有。窮人理查說：**智者從別人的失敗中記取教訓，愚者無法從自己的失敗中記取教訓**。可是，**對別人的不幸引以為戒的人是幸運的**。

許多人為了身上的漂亮衣服，自己食不果腹，家小也饑腸轆轆。窮人理查說：**綢緞絲絨撲滅了灶火**。這些不是生活必需品，也難稱得上日常用品，就因為漂亮，多少人都想擁有。這樣一來，人為的需要大大超過自然的需要。正如窮人狄克說的**一人窮酸，百人艱難**。由於購買這些奢侈品，上流人士陷於貧困，不得不向他們原先瞧不起的人借錢，可是人家靠勤奮和節儉站穩了腳跟。這種情形，顯而易見的是：**站著的農夫比跪著的紳士高**，窮人理查就是這麼說的。

也許他們還有一筆小小的田產，卻不知道它的來歷。他們認為現在是白天，永遠不會到夜晚。

這麼多財產花一點不足掛齒。窮人理查說：**小孩和傻子想著二十先令，二十年，永遠花不完**。可是，**一個勁從飯盆往外舀，從來不向裡面添，很快就盆底朝天**。如窮人理查所說，井乾方知水貴。如果聽他的勸告，他們也許早就知道這點。**你若想知道錢的價值，去借一些試試看**，因為誰借錢誰就難堪。如果有人把錢借給那類人，去討債時，也同樣遇到難堪。窮人理查更進一步規勸：

誇耀衣著肯定招致災殃；若要顧及喜好，先要考慮錢囊。

還說：**驕傲就像窮困，是一個大聲喧鬧的乞丐，而且遠比窮困莽撞**。當你已經買了件時髦玩意時，一定要再買十件，才會顯得體面。可是窮人狄克說，**頭一個慾望還好抑制，隨後無止境的渴望就難滿足**。窮人模仿富漢，猶如青蛙鼓足氣跟公牛比高低，真是愚不可及。

大田產要冒大風險，小船兒不應遠離海岸。

愚蠢行為很快就遭到懲罰；因為**驕傲的午飯吃的是虛榮，晚飯吃的卻是輕蔑**，窮人理查是這麼說的。他在另外一個地方又說：**驕傲的早飯吃得滿足，午飯吃得貧苦，晚飯吃得恥辱**。所以誇耀門面要擔很大風險，又要受很多痛苦，這麼做有什麼用呢？不能增進健康，也不能減輕痛苦；不能增加一個人的優點，只能產生嫉妒，加速不幸。

花花蝴蝶是什麼？
充其量是毛毛蟲裝扮煥赫。
正像那花花公子的新衣著。

窮人理查就是這麼說的。為了這些浮華東西弄得債臺高築等於發瘋！他們說這次拍賣可以賒帳六個月，這也許引誘一些人光顧，因為拿不出現金，希望不拿現金也能體面一番。想想你負債可怎麼辦？你把自己的自由交給別人支配。如果到時候付不起，就無臉見你的債權人。你跟他說話時，心驚膽顫，縮頭縮腦找些可憐兮兮的藉口。久而久之，就失去誠實，一味卑鄙地撒謊，不能自拔。窮人理查說，**第二個惡習是撒謊，第一個惡習是欠債**。他中肯地說，**人一欠債就不由得說謊**。

一個生來就自由的人不應羞於見人，或害怕見人，也不應羞於跟人說話，或害怕跟人說話。可是貧窮往往使人沒精神、缺德行。**空袋子，難立直**，窮人理查就是這麼說的。如果哪個王子、哪個政府昭示全國，不許穿得像個紳士或淑女，違者下獄或服勞役，對此你作何感想呢？難道你不會說：你是自由的，有權依自己的愛好穿衣戴帽，這種命令侵犯權利，政府未免太暴虐了？可是當你為華麗的衣著負債以後，你就將自己置身於那種暴虐之下！如果無法還債，債權人有隨意剝奪自由的特權，使你身陷囹圄，或把你賣作奴隸！

當你拿到便宜貨的時候，也許你很少想到還債。可是窮人理查告訴我們，**債權人的記性比債務人的好**。在另一個地方又說：**債主是一群迷信的人物，嚴格遵守規定的時日**。你不知不覺，還債那天就到了，他提出要求時你還沒做好滿足他的準備。如果你把債記在心頭，期限起初似乎很長，由於逐漸淡忘，就會顯得極短。時間似乎在肩膀和腳跟上都插了翅膀。窮人理查說，**誰要在復活節還錢，誰的大齋節就短得可憐**。因為他說：**債務人是債權人的奴隸**。摒棄枷鎖，維護你的自由吧！維護你的獨立吧！勤奮而自由，節儉而自由。也許你認為你目前處於興旺發達的境地，奢侈一點也不礙事。可是：

趁早把老年和貧窮提防，沒有整天普照的朝陽。

窮人理查就是這麼說的。收入是暫時的，不確定的，可是只要活著，開銷卻是經常的，必然的。**造兩個煙囪容易，堅持燒一個難**，窮人理查就是這麼說的。所以，**寧可睡覺前不吃飯，也不願起床時欠下債**。

能抓到手的東西要抓緊，石頭會把鉛變成金。

窮人理查就是這麼說的。一旦有了點金石，你就不會再抱怨時世險惡、納稅困難了。朋友們，這個原則就是理性和智慧。不過，切勿過分依賴自己的勤奮、節儉、謹慎，雖然這些都是極好的習慣。因為沒有上天保佑，一切全都落空。因而謙恭地乞求天佑，對於需要天佑的人不要無情，要安慰幫助他們。記住約伯先受罪，後發跡。最後說一句話，**吃虧學乖代價高，笨漢非此學不好，而且從中學的也太少**。的確，**我們可以提出勸告，卻無法提供行動**，窮人理查是這麼說的。不過記住這點：**不聽勸告的人無藥可救**，窮人理查是這麼說的。他還說，**如果你不聽道理，道理肯定會懲罰你**。」

這位老先生就這樣結束他的訓導。人們聽了也贊同教誨，但隨即反其道而行，彷彿那只不過是一次平常的布道。拍賣開始，他們大肆搶購，根本不管老先生的告誡，也不顧對稅收的恐懼。

我發現這位好人透徹地研究過我的書，把二十五年內我在這些問題上寫下的話全都消化。他接二連三提起我，一定使別人厭煩了，可是卻大大滿足我的虛榮心。雖然我知道他把那些智慧都歸功於我，其實屬於我的還不到十分之一，我只不過把古往今來、世界各國的道理蒐集、整理罷了。雖然我原本決定買些布料做件新衣，但是我走開了，決心把舊的再穿一段時間。讀者，如果你也願意這麼做，你的收穫會像我的一樣大。

永遠為您效勞的，理查．桑德斯

一七五七年七月七日

富蘭克林年表

一七〇六年

一月十七日（舊曆一月六日）生於波士頓奶街，位於老南教堂對面，他在該教堂受洗，得教名班傑明；他是喬賽亞·富蘭克林最小的兒子，也是第十五個孩子，喬賽亞是蠟燭商，兼製肥皂，為了能自由實踐他的清教信仰，於一六八三年從英國移居而來。班傑明出生時在世的哥哥姐姐有十一個，其中有喬賽亞第一個妻子生的七個孩子中的五個（伊莉莎白，一六七八年生；撒母耳，一六八一年生；漢娜，一六八三年生；喬賽亞，一六八五年生；安妮，一六八七年生），還有第二個妻子阿拜婭·福爾傑·富蘭克林（娘家是楠塔基特島上的清教徒）在他以前生的七個孩子中的六個（約翰，一六九〇年生；彼得，一六九二年生；瑪麗，一六九四年生；詹姆斯，一六九七年生；薩拉，一六九九年生；湯瑪斯，一七〇三年生）。他後面還有兩個妹妹，莉迪婭（一七〇八年生），簡（一七一二年生）。

一七一四至一七一六年

一七一四至一七一五年在波士頓文法學校（今波士頓拉丁文學校）上學，但因學費高，學了一年他父親令其退學。他父親鰥居的哥哥於一七一五年從英國來和他們一起生活。就讀喬治·布勞內爾的英語學校，該校開的是非古典課程，他讀的是正規學業的二年級，也就是最後一個年級（一七一五至一七一六）。

一七一六至一七一七年

跟著父親製造蠟燭、肥皂，他並不喜歡這項工作；試學刀具技術，時間很短，很快又回到父親的店鋪。一七一七年三月，哥哥詹姆斯從倫敦回來，在波士頓開始經營印刷生意。

一七一八至一七二〇年

當詹姆斯學徒，寫大幅紙印刷歌謠，一七一八年作《燈塔悲劇》，一七一九年作《捉拿提奇或黑鬍子海盜》（二者均不存）。一七一九年十二月，詹姆斯承印美洲的第二家報紙《波士頓新聞報》；一七二〇年八月一日合約終止。富蘭克林借書閱讀，不僅有沙夫茨伯里和柯林斯同時代自由思想家的著作，還有班揚、笛福、洛克、色諾芬等人的作品，以及各種史書和宗教論爭書籍，模仿倫敦《旁觀者》報上艾狄生和斯帝爾的文章改進寫作。

一七二一年

繼續為詹姆斯打工，詹姆斯於八月七日創辦自己的報紙，生動活潑、不拘一格的《新英格蘭報》，這是第一家以幽默小品和其他文學內容為特色的美洲報紙。

一七二二年

為了存錢買書，成了素食主義者。四月至十月，為《新英格蘭報》寫十四篇署名「善人無語」

的文章，匿名投稿報紙，因為他認為以本名投稿，他哥哥不會刊登。詹姆斯因暗示海盜和地方官員相互串通，被麻塞諸塞議會拘押（六月十二日至七月七日），在此期間富蘭克林負責辦報事宜。

一七二三年

《新英格蘭報》諷刺內閣大臣和地方官員，麻塞諸塞議會禁止詹姆斯在未經審查的情況下印報。詹姆斯抗命印報，隨後躲藏起來，再次讓富蘭克林負責報紙（一月二十四日至二月十二日）。此後《新英格蘭報》將班傑明．富蘭克林列為主編。由於不滿詹姆斯「粗暴」待遇而毀約，於九月二十五日偷偷搭船去紐約。但找不到工作，於十月一日乘船前往費城，在海上遇大風，耗費三十個小時；翌日晚，發高燒到達新澤西的珀思．安博伊。在新澤西徒步兩天，走到博登鎮，然後又走到柏林頓；於十月六日到達費城，身上只剩一荷蘭元和幾個銅板。第二天在撒母耳．凱默處找到臨時的工作。在市場街凱默印刷所隔壁的約翰．里德（未來的妻子黛博拉的父親）家住宿搭伙。

一七二四年

在一直想交朋友的賓夕法尼亞總督威廉．基斯的鼓動下，準備開辦自己的印刷所；基斯許諾把公家的印刷業務交給他。接近四月底返回波士頓向父親要錢準備開業，但喬賽亞只給他幾件小禮物和幾句祝福。探望哥哥詹姆斯，但詹姆斯對富蘭克林擺闊大為惱火。拜訪科頓．馬瑟。六月初返回費城，基斯提出借錢開辦印刷所，並建議他去倫敦採購器材設備，安排文具商、書商和印刷商的供貨事宜。約翰．里德於七月三日去世，是年秋，富蘭克林向黛博拉．里德透露去倫敦的計畫，她母親對他們的親事並不熱心。十一月五日，啟程前往倫敦，同行有朋友詹姆斯．拉爾夫和商人湯瑪斯．德納姆，此行想靠基斯總督許諾的信用證獲得印刷設備。平安夜到達倫敦，發現基斯「沒有信用可言」，自己上當，基斯也沒有寫推薦信；於一月前在撒母耳．帕默的印刷所找到工作。與拉爾夫在倫敦城內小不列顛區居住，隔壁就是書商約翰．威爾科克斯，他從那裡借書進修。

一七二五年

排版威廉．沃拉斯頓的《自然宗教概述》後，寫作並印行反駁文章《論自由與必然、歡樂與痛苦》，駁斥自由意志。外科醫生威廉．萊昂斯欣賞這本小冊子，便把他介紹給伯納德．曼德維爾和另外一位醫生亨利．彭伯頓，後者許諾將他引薦給以撒．牛頓（始終未兌現）。黛博拉．里德於八月五日在費城與約翰．羅傑斯結婚；羅傑斯於十二月將她遺棄，從此杳無音訊。秋天，富蘭克林離開帕默的印刷所到約翰．華茨的印刷所工作。搬往公爵街。

一七二六年

七月二十一日，與湯瑪斯．德納姆啟程回家，後者僱他當業務員。七月二十二日至十月十一日，記航海日記。到達費城後在德納姆店鋪當店員和記帳員。

一七二七年

德納姆病倒(一七二八年七月四日病逝);三月和四月,富蘭克林罹患嚴重的胸膜炎。六月,回到凱默印刷所。組織「共圖社」,這是他和有雄心壯志的年輕人所組成自我改善和互助的社團,每星期五晚間聚會;成員包括凱默印刷所的另外三個人(修.梅瑞狄思、史帝芬.波茨、喬治.韋布),還有約瑟夫.布賴恩特納爾、湯瑪斯.戈弗雷、尼古拉斯.斯卡爾、威廉.帕森斯、威廉.毛格里奇、羅伯特.格雷斯、菲力浦.辛格、修.羅伯茨和威廉.科爾曼,這些年輕人職業不同,但志趣相似。

一七二八年

二月至五月,跟凱默在新澤西柏林頓印製紙幣;六月,脫離凱默與朋友修.梅瑞狄思合夥開辦印刷所,梅瑞狄思的父親借款開業。凱默得知富蘭克林辦報的計畫後,於十月一日匆忙刊印辦報計畫,報名為《賓夕法尼亞報》(第一期於十二月二十四日問世)。注意到他的朋友中有自由思想家的令人不快的行為,十一月二十日制訂個人的信條和宗教儀式(《信條與教義》),要點為自然神論與多神論信條的混合。

一七二九年

二月四日,開始在安德魯.布雷福德出版的費城報紙《美洲信使周報》上發表「是非婆」系列文章，希望把讀者從凱默的《賓夕法尼亞報》引開。撰寫《試論紙幣的性質和必要》，四月十日發表，這是以增加貨幣供應刺激經濟發展的諸多建議中的第一項。九月二十五日從凱默手裡收購敗落的《賓夕法尼亞報》；十月二日的一期第一次出現他的名字。之後十年內，成了各殖民地讀者最廣泛的報紙。大約在一七二九年或一七三〇年，非婚生子威廉出生，生母身分不明。

一七三〇年

一月三十日，被指定為賓夕法尼亞官方印刷商。從兩個朋友威廉．科爾曼和羅伯特．格雷斯手裡借錢買下想回鄉務農的梅瑞狄思全部股份。由於無法按合法儀式與黛博拉（里德）．羅傑斯結婚（因為羅傑斯生死不明，富蘭克林無論如何也不想替他欠的債務負責），於是在九月一日跟她形成事實婚姻；兒子威廉領進家門，開始學習法文和德文。

一七三一年

一月，參加共濟會，開始終生的參與；六月，當選聖約翰地方分會小會長（他將出任的許多美歐共濟會職務中的第一個）。七月一日，為第一家美洲會員制收費圖書館「費城圖書館會社」起草「協會契約」。資助他的工人湯瑪斯．懷特馬什在南卡羅來納與他合夥開設印刷所，提供必要的設備材料，規定返還三分之一的利潤，期限六年（幾項逐漸增加他財富的經濟資助中的第一項）。

一七三二年

五月六日，出版美洲的第一家德文報紙《費城報》；不久便停刊。十月二十日，兒子弗蘭西斯・福爾傑・富蘭克林出生（一七三三年九月十六日在基督教堂受洗）。十二月十九日，出版《窮人理查年鑑》（此後每年一本，直到一七五七年去英國）。停止出席他偶爾參加的長老會禮拜儀式。

一七三三年

醞釀「達到道德完善的大膽而又艱鉅的計畫」；七月一日開始記帳，系統記錄個人的過錯。秋天，去波士頓探望家人，去羅德島新港看望哥哥詹姆斯。十一月，資助另一個工人路易・帝莫泰在南卡羅來納合夥經營印刷所，讓他接懷特馬什的班。學習義大利文、西班牙文和拉丁文。

一七三四年

六月二十四日，被選為賓夕法尼亞共濟會大師。

一七三五年

二月四日，哥哥詹姆斯在新港去世。富蘭克林在《賓夕法尼亞報》建議成立防火協會。冬天和春天，重新去教堂聆聽撒母耳・亨普希爾牧師布道，因為此人強調實際可行的道德修養。四月，亨普希爾被其他牧師指控離經叛道後，富蘭克林撰寫小冊子替他辯護；九月，亨普希爾被長老會教會法院勒令停止活動後，富蘭克林永久性脫離其會眾，但繼續捐款。夏初，胸膜炎復發，左肺化膿。建議建立費城繳費巡夜制度（一七五二年通過）。

一七三六年

七月至九月，在柏林頓印刷新澤西紙幣；為防止偽造，設計出新的自然印刷技術（複製樹葉形象）。十月十五日，被任命為賓夕法尼亞議會祕書。十一月二十一日，四歲的兒子弗蘭西斯死於天花，葬於基督教堂墓地。十二月七日，組織聯合消防隊，為費城第一家。

一七三七年

十月五日，開始履行費城郵政局長職責。對議會議程日益厭煩，設計數學測驗解悶。

一七三八年

《美洲信使周報》（二月十四日）指控一七三七年參加模擬共濟會入會儀式，其結果造成年輕學徒嚴重燒傷。在庭審證言和《賓夕法尼亞報》的報導中表示對此不負責任。

一七三九年

與英國循道宗牧師、福音傳道者喬治·懷特菲爾德結交，此人於十一月二日在費城露天群眾集會上發表演講，鼓吹宗教復興。富蘭克林募捐刊印懷特菲爾德的日記和布道文。

一七四〇年

《美洲信使周報》（二月十二日）批評富蘭克林在報導中偏袒民眾反領主派。（領主是賓夕法尼亞的創建者威廉．賓的子孫，他們居住在英國，按特許狀享有任命和指令該殖民地總督的特權。）成為新澤西官方印刷商（任命延續到一七四四年）。在《賓夕法尼亞報》（十一月十三日）上宣布即將出版《綜合雜誌》；指責安德魯．布雷福德和約翰．韋布偷竊他第一家美洲雜誌的計畫；富蘭克林的定價（每期九便士）比布雷德福擬議中的雜誌（宣布每年十二先令）低。

一七四一年

一七四〇至一七四一年冬天，設計賓夕法尼亞壁爐（富蘭克林火爐）；二月五日刊登向大眾銷售的初期款式廣告。二月十六日，出版《綜合雜誌和史記》第一期；六期以後停刊。

一七四二年

資助雇員詹姆斯．派克在紐約合夥開辦印刷所。三月十七日，組織、宣傳一項資助費城植物學家約翰．巴特拉姆的旅行採集活動。

一七四三年

五月十四日，發表《提倡有用知識的建議》，此文為「美洲科學學會」（美洲第一家科學學會）的創建文件。春末，去新英格蘭，在紐約會見卡德瓦拉德·科爾登，在波士頓聽阿奇博爾德·斯賓塞的電學講座。開始與威廉·斯特拉恩進行商務書信往來，發展終生不渝的友誼；鼓動斯特拉恩的倫敦印刷所的青年印刷工大衛·霍爾移居美洲，表示他將資助霍爾在另外一個殖民地開業。八月十三日，女兒薩拉（「薩麗」）出生；十月二十七日在基督教堂受洗。

一七四四年

六月二十日，大衛·霍爾到費城，在富蘭克林家吃住。出版《新發明的賓夕法尼亞壁爐說明書》。

一七四五年

一月三日，起草大陪審團反對酒館和其擾民行為的書面報告。一月十六日，父親去世，享年八十七歲。四月，倫敦皇家學會會員彼得·柯林森給圖書館會社寄來最近德國電實驗的小冊子，附有玻璃管，激發富蘭克林開始做電的實驗。六月六日，發表「路易堡城鎮與港口平面圖」木刻，這是《賓夕法尼亞報》上第一條插圖新聞報導。

一七四六年

夏天，泡在電的實驗中。秋冬，訪問新英格蘭。

一七四七年

五月二十五日，將第一份電的實驗報告寄給彼得．柯林森，他將其出示給皇家學會的會員們。十一月和十二月，發表小冊子《明白的真相》，警告賓夕法尼亞容易受特拉華河上的法國和西班牙海盜船襲擊。組織自願民兵準備防禦。

一七四八年

一月一日，拒絕民兵上校的職位，聲稱沒有軍事經驗，做為普通一兵服役。一月一日，與大衛．霍爾形成印刷合夥經營關係，將印刷所交給霍爾一手經營，返回一半利潤，作為印刷商功成身退；此後主要致力於科學研究和公民事務。（在未來的歲月裡，每年從印刷合夥經營、房地產投資和郵政局長薪金獲得的年收入將近兩千英鎊，相當於賓夕法尼亞總督的薪金。）離開店鋪搬往新居，家裡擁有幾名黑人奴隸。四月，資助他的另一名工人湯瑪斯．史密斯在安提瓜合夥開辦印刷所。十月四日，當選為費城市議會議員。

一七四九年

四月二十九日，為埃比尼澤・金納斯利撰寫「解釋……雷暴風的新假說」。五月十日，金納斯利在馬里蘭的安納波利斯做電學講座，首次發表並演示（小規模地）富蘭克林的避雷針實驗。六月三十日，被任命為費城治安推事。七月十日，被任命為賓夕法尼亞地區共濟會大師。於十月二十三日寫成《關於賓夕法尼亞青年教育的一些建議》，結果促成費城學院，今賓夕法尼亞大學（於一七五一年一月七日正式開學）的建立。十一月十七日，在他的實驗日誌中記錄閃電與電之間的相似性，並要求實驗證明之間的相同性。

一七五〇年

二月，痛風初次突發。三月二日在給柯林森的信中建議用避雷針保護房屋。七月二十九日，設計在崗亭頂上安置尖棒，將該亭矗立在山頂或教堂尖塔上，把棒附著在萊頓瓶上收集電流，證明閃電是電。設計包括接地裝置的避雷針建議。十二月二十三日，試著電死一隻火雞卻電暈了自己。

一七五一年

二月七日，賓夕法尼亞議會通過富蘭克林的革新議案，提供與私人捐贈對等的公款建立賓夕法尼亞醫院。四月，由約翰・福瑟吉爾博士編的科學書信集《電的實驗與觀察》在倫敦出版。五月九日，當選賓夕法尼亞議會議員，八月十三日，就任（以後連選連任至一七六四年）；兒子威廉繼任為祕書。七月二十六日，首次提出將該市的各消防隊合併為保險公司的建議；九月七日，各隊代表開會組織費城分擔體系。十月一日，當選費城市政務委員會委員。

一七五二年

二月六日，賓夕法尼亞醫院開張。五月八日，母親在波士頓去世，享年八十五歲。六月，設計並做風箏實驗，證明閃電就是電。八月，資助外甥班傑明．梅科姆在西印度合夥開辦印刷所。九月，在他的住宅安裝避雷針，與鈴鐺連接，針一帶電，鈴鐺就響。十月十九日，《賓夕法尼亞報》說明如何做他的風箏實驗；為一七五三年的《窮人理查年鑑》寫安裝避雷針的說明。十二月八日，為患膀胱結石的約翰哥哥設計一種軟管。

一七五三年

一月，諾萊神父出版《關於電的書信集》，駁斥富蘭克林的電學理論。三月，第二套電的實驗《實驗與觀察補編》在倫敦出版。六月十四日，資助以前的工人撒母耳．霍蘭在賓夕法尼亞的蘭開斯特合夥開辦印刷所。從六月中旬到九月，周遊新英格蘭，接受哈佛（七月二十五日）和耶魯（九月十二日）的文學碩士榮譽學位。八月十日，向英國申請過後，被任命為北美郵政管理局聯合副局長。九月二十六日至十月四日，在賓夕法尼亞卡萊爾與俄亥俄印第安人談判；十一月，刊印結果條約。十一月三十日，因為在電學上的成就，榮獲倫敦皇家學會的科普利獎章。

一七五四年

為西部邊疆日益增強的法軍壓力所困擾，五月九日，在《賓夕法尼亞報》上設計並刊出蛇被斬為幾截的漫畫，上面的標題為「合則存，分則亡」，這是美洲第一幅政治漫畫。六至七月，做為賓夕法尼亞專員出席奧爾巴尼會議；會議齊聚七個殖民的代表恢復與易洛魁人的同盟，並安排共防邊疆，抵禦法軍。七月二日，會議投票組成殖民地聯盟；富蘭克林提出方案，七月十日通過，並送交各殖民地批准。八月十七日，賓夕法尼亞議會否決奧爾巴尼方案，其他殖民地和英國政府也不例外。九月，第三套電實驗《電的新實驗與觀察》連同前兩部分的第二版在倫敦出版。十二月，寫了一系列書信給麻塞諸塞總督威廉．謝利，抗議在沒有代表的情況下徵稅，力主美洲的自治權利。

一七五五年

為北美英軍司令愛德華．布雷多克少將建立郵政聯繫；四月二十二日至二十三日，與布雷多克在馬里蘭弗雷多里克商談，承擔為布雷多克的部隊供應車輛的任務，支援他們向迪尤肯堡的法軍挺進。四月二十六日至五月十一日，在賓夕法尼亞的蘭開斯特和約克徵集車輛。至夏天，寫成《聖經》戲說「反迫害寓言一則」和「手足之情寓言一則」。八月，與貴格派協力要求對領主田產和其他財產徵稅，以籌集款項保衛邊疆。十月，被費城招募的步兵團選為上校。十一月二十五日，議會通過富蘭克林民兵議案，十一月二十七日，批准六萬英鎊的防務費。十二月十八日至二月五日，前往邊疆修築堡壘，組織防衛，兒子威廉為副官隨同。

一七五六年

四月二十九日，全票當選為倫敦皇家學會會員，並被同意免繳慣例會費。三月九日，賓夕法尼亞議會通過富蘭克林對費城提供巡夜人和街道照明的議案。三月二十一日，去維吉尼亞辦理郵局事務，途中會見喬治·華盛頓。四月二十日，接受威廉和瑪麗學院碩士榮譽學位。九月一日，當選皇家技藝協會通訊會員。十月二日至二十四日，到卡萊爾、哈里斯渡口和紐約視察軍事。十一月五日至十八日，跟其他專員一起與特拉華印第安人在賓夕法尼亞伊斯頓商談。

一七五七年

二月三日，接受賓夕法尼亞議會提名為駐英代理與領主們談判曠日持久的爭端。三月十四日至二十二日，會見美洲英軍司令勞登勳爵，陳述議會的立場：贊成徵稅以供軍需的議案。勞登勸賓夕法尼亞總督丹尼不要執行領主們的指示（領主們拒絕對他們的田產徵稅），通過議案。四月四日和兒子威廉去英國途中到紐約；因等候勞登准許起航耽擱到六月二十三日。航海期間完成一七五八年《窮人理查年鑑》序言「亞伯拉罕大爺的講話」（後來以「致富之路」聞名於世），這是富蘭克林寫的一系列年鑑的最後一期。七月二十六日到達倫敦，住在彼得·柯林斯處；見到樞密院院長格蘭維爾勳爵，他聲稱國王是殖民地的最高立法者，此話使富蘭克林不勝擔憂。七月三十日，在儒夫街七號瑪格麗特·史帝文森太太家寄宿，她是個寡婦，此後富蘭克林在英國時就一直住在她家。八月，見到領主理查和湯瑪斯·賓，向他們陳訴冤情。九月末至十一月初，得重傷風，頭疼，眩暈。十一月十四日，與湯瑪斯．賓重起商談。

一七五八年

確立常規，定期參加俱樂部活動，這在英國生活的多年內從未改變。星期一常常在喬治兀鷲飯店與一批科學家、慈善家和探險家聚餐，其中包括約翰．埃利科特，偶爾還有詹姆斯．庫克船長。星期四，通常與喜愛的團體「誠實的輝格黨人俱樂部」，在聖保羅咖啡館聚會；成員包括約翰．坎頓、理查．普賴斯、約瑟夫．普里斯特利、詹姆斯．伯格、威廉．羅斯、安德魯．吉皮斯，偶爾還有詹姆斯．鮑威爾。星期天，常常與約翰．普林格爾爵士一起吃飯，此人逐漸取代印刷商威廉．斯特拉恩成為富蘭克林最親密的英國朋友；亞歷山大．斯莫爾和大衛．修謨也是常客。一月至五月，與賓氏叔侄商談並在商務部替賓夕法尼亞辯護；最後，十一月二十七日，賓氏叔侄同意有限徵稅，但第二天又致函賓夕法尼亞議會堅稱富蘭克林缺乏誠懇。五月末，在劍橋逗留一週，與化學教授約翰．哈德利做蒸發實驗。七月，與兒子威廉訪問埃克頓和班伯里的祖先故居，搜集族譜資訊。十二月二日，發明火爐或煙囪上用的擋板。

一七五九年

二月十二日，缺席接受蘇格蘭聖安德魯斯大學法學榮譽博士學位；此後被稱為「富蘭克林博士」。四月七日，向約瑟夫．蓋洛韋描述：後來任賓夕法尼亞議會在倫敦的代理，當時成為英國議會裡美洲的朋友英國人查理・傑克遜建議把他選入英國議會，「但我太老了，不想改變國籍」。八月八日至十一月二日，周遊英格蘭北部和蘇格蘭，會見亞當・史密、威廉・羅伯遜和卡姆斯勳爵。

一七六〇年

《電的實驗與觀察》第三版出版（一七六二年和一七六四年年重印）。撰寫《大不列顛利益考量》（「加拿大小冊子」），四月十七日出版，指出加拿大對殖民地和不列顛在經濟和戰略上的重要性。五月一日，在慈善組織「布雷博士同仁會」（三月六日，富蘭克林已經當選為該會會長）遇到撒母耳・詹森博士。該會資助費城、紐約、羅德島、佛吉尼亞的威廉斯堡的黑人慈善學校。六月二十四日，商務部拒絕賓夕法尼亞議會通過的十九項法案中的七項，包括對賓氏田產徵稅；八月，富蘭克林上訴樞密院，該院駁回商務部決定，允許對賓氏田產徵稅。

一七六一年

已經成為技藝協會（主要資助農耕方法、引進新作物）、倫敦皇家學會（當時的首要科學學會）和「布雷博士同仁會」的積極活躍、極有影響的成員。八至九月，與兒子威廉和理查・傑克遜周遊奧屬尼德蘭和荷蘭共和國。回英國後，九月二十二日目睹喬治三世的加冕禮。

一七六二年

四月三十日，接受牛津大學民法博士榮譽學位。七月十三日，將一份最近發明的樂器：玻璃口琴，寄給傳播富蘭克林電學理論的義大利科學家詹巴蒂斯塔．貝卡里亞，從一七六一年起他一直在埋頭苦幹研究這器物；後來莫札特和貝多芬還為它作過曲。八月，離開倫敦前往朴茨茅斯乘船回賓夕法尼亞；十一月一日抵達費城。九月四日，兒子威廉在倫敦與伊莉莎白．唐斯結婚，九月九日被委任為新澤西皇家總督。

一七六三年

七月七日至十一月五日周遊新澤西、紐約和新英格蘭，視察各地郵局。十二月十七日，訪問布雷博士同仁會在費城資助的慈善學校，並說他「對黑色人種天賦的看法比他以前任何時候所持的看法都高」。

一七六四年

一月四日，對邊疆群氓（帕克斯頓小子）在蘭開斯特縣屠殺信基督教的友好印第安人極為憤慨，起草規定審判白人和印第安人主犯的議案；議案引起強烈反對，議會很快就將其扼殺。一月三十日，發表《最近的大屠殺紀實》，譴責「帕克斯頓小子」；二月五日至八日，這幫人前往費城。富蘭克林組織防衛，然後會見騷亂份子頭目，說服他們陳述冤情並且解散。撰寫《冷靜的思考》（四月十二日）支持議會最近贊成國王特許狀的決議。五月二十六日，當選為議會議長，起草要求國王改變政府的請願書，議會採納後以議長身分簽字。麻塞諸塞眾議院向擔任議長的富蘭克林致函，敦促各個殖民地反對印花稅條例，這是英國議會對殖民地印刷品徵稅以增加歲入的舉措；九月十二日，富蘭克林向議會提交提案，指令議會在倫敦的代理理查·傑克遜反對擬議中的印花稅條例通過，設法修改食糖稅條例（四月五日頒布），並且力主只有賓夕法尼亞立法機構有權在賓夕法尼亞課稅；富蘭克林簽署指令。八月和九月，議會競選演變成對富蘭克林人格的惡毒攻擊（說他之所以贊成英王政府，是因為他在覬覦總督職位；說他在英國任議會代理期間從公款中提取大筆收入；說他對自己監管的公款漫不經心；說威廉的母親是他的女僕芭芭拉，他把她埋在一座無名墓裡；此外，一句種族歧視的老話——一七五一年，富蘭克林曾把德國移民叫「巴拉丁鄉棒」——被扯出來，於是他於十月一日競選失敗。他的一派仍占多數，便於十月二十六日指派他跟傑克遜一起當議會駐倫敦代理。少數派議員抨擊富蘭克林，十一月五日，他在《評最近的一次抗議》中捍衛他的公正廉潔。十一月七日，離開費城；妻子黛博拉再次拒絕去海外，仍然留在費城。十二月九日，抵達維特島；次日到達倫敦，住在史帝文森太太的老住處。

一七六五年

二月二日，與其他殖民地代理拜會首相喬治·葛蘭維爾，抗議在美洲徵收印花稅。葛蘭維爾在英國議會介紹包含印花稅條例建議的年度預算。二月十二日，富蘭克林和主張殖民地與大不列顛加強關係的前殖民地總督湯瑪斯·波納爾會見葛蘭維爾，提出在美洲發行有息紙幣以增加美洲歲入的選擇建議，但未被理會。二月二十七日，「印花稅條例」在下院通過，三月二十二日，獲得國王批准，定於十一月一日生效。在葛蘭維爾的要求下，富蘭克林提名他的朋友約翰·修斯為賓夕法尼亞印花銷售商，導致富蘭克林實際上支援印花稅條例的謠傳。四月，富蘭克林和波納爾成功使駐軍法案得以修正，避免英國軍隊在美洲私家住房強行駐紮；五月三日，修正法案通過。五月三日，英國報紙發表一些海外奇談，出現關於美洲的荒誕愚蠢新奇的報導，包括「巨鯨大跳，躍上尼亞加拉瀑布，觀者一致認為是天下最壯觀的景象之一！」夏天，「印花稅條例」抗議浪潮在各殖民地洶湧；九月十六日至十七日，在費城，暴民攻擊印花銷售商，富蘭克林的住宅受到威脅；黛博拉枕戈待旦，拒絕逃跑。八百名富蘭克林的支持者準備戰鬥，阻止了暴民。十一月一日，印花稅條例未能生效，因為朝臣拒絕開會，殖民地行政管理癱瘓。富蘭克林向樞密院呈交賓夕法尼亞要求變革國王管理體制的請願書，但遲遲未予考慮。冬天，在報紙撰文為殖民地辯護，並鼓動廢止印花稅條例。

一七六六年

年初，設計反印花稅條例漫畫並在畫有設計圖樣的明信片上傳遞資訊。一月二十一日，與大衛·霍爾合作經營合同到期，霍爾按一七四八年合夥經營協議的條件買下印刷所。二月十三日，下院「全體委員會」對印花稅條例進行審查；富蘭克林為美洲立場的辯護對二月二十二日的條例廢止貢獻甚大，所以使他成為美洲殖民地的傑出代表。六月十五日至八月十六日，與約翰·普林格爾爵士到德國旅行；在哥廷根當選為皇家科學院院士。

一七六七年

在致倫敦報界的信中繼續反對英國議會對殖民地徵稅。五月十三日，財政大臣查理斯·湯森在下院建議徵稅；七月二日通過，此舉加劇殖民地的危機。八月二十八日至十月八日，富蘭克林和普林格爾訪問巴黎，荷拉斯·沃爾浦爾拜訪他們（九月十三日），在凡爾賽，他們被引見給路易十五。十月二十九日，女兒薩拉和費城商人理查·貝奇結婚。

一七六八年

一月七日，在《一七六八年以前美洲不滿之緣由》中回顧英美關係史。四月十一日被任命為喬治亞代理（一直擔任到一七七四年五月二日）。七月二十日，用他自己設計的拼音字母給瑪麗·史帝文森寫信。秋，顯示墨西哥灣流流程的地圖印出。

一七六九年

監理《電的實驗與觀察》增訂第四版。一月二日，當選費城的「美洲科學學會」會長。冬，黛博拉·富蘭克林中風，損害她的記憶和理解能力；此後她的健康狀況日益惡化。加入到土地公司組織者行列，設法請求國王將俄亥俄谷地授予他們，希望分片轉賣給定居者。八月十二日，外孫班傑明・富蘭克林・貝奇出生。十一月八日，被新澤西眾議院任命為代理（一直擔任到一七七五年三月）。十一月二十九日，給斯特拉恩寫了一份美洲立場重要陳述，想經過私人管道傳遞到內閣和選定的議員手中。

一七七〇年

十月二十四日，被選為麻塞諸塞眾議院代理（此職一直延續到一七七五年三月離開英國），至此，他身兼四個殖民地代理（賓夕法尼亞，喬治亞，新澤西，麻塞諸塞）。

一七七一年

一月六日，向殖民地事務大臣希爾斯博羅勳爵呈交麻塞諸塞代理證書，但遭到拒絕，因為富蘭克林被議會任命，卻未經總督同意。六月十一日，當選為鹿特丹「巴達維亞實驗科學學會」會員。六月十七日至二十四日，七月三十日至八月十三日，兩次造訪特懷福德的喬納森・什普利主教，在後一次訪問期間撰寫自傳的第一章至第五章。八月二十五日至十一月三十日，與理查・傑克遜遊歷愛爾蘭和蘇格蘭；十月八日，出席愛爾蘭議會的開幕式；與大衛・修謨在愛丁堡逗留，與卡姆斯勳爵在布雷爾－德拉蒙德逗留。旅行結束時，在蘭開郡普雷頓看探望女婿理查・貝奇的母親和妹妹，第一次見到理查，然後跟他返回倫敦。

一七七二年

四月二十九日，商務部駁回土地公司計畫，隨後又於六月五日上訴樞密院，七月一日樞密院同意授予，但領土從未經官方勘測。已經開始相信奴隸制生來就是邪惡不義的（一七五八年的意願規定解放他擁有的兩名奴隸，他顯然在一七六〇年代的某個時候解放他們）；六月二十日，在「薩默塞特案件和奴隸貿易」一文中首次筆伐奴隸制度。八月十六日，當選為巴黎「皇家科學院」外國院士。十月，史帝文森太太遷居儒夫街十號，富蘭克林跟她一起搬去。私下獲取湯瑪斯．哈欽森總督、安德魯．奧利弗副總督與英國當局的通信，發現信上宣導壓制手段，便將信件寄給麻塞諸塞議會議長湯瑪斯．庫欣。

一七七三年

六月二日，哈欽森信件擺到麻塞諸塞議會面前；議會認定他們蓄意破壞法制，便任命委員會請求國王罷免哈欽森和奧利弗。哈欽森暗自獲取富蘭克林七月七日致麻塞諸塞議會議長庫欣的書信副本，並送到殖民地大臣達特茅斯勳爵手中，達特茅斯認為此舉屬大逆不道，便要求美洲司令湯瑪斯．凱奇將軍弄到原件以告發富蘭克林；凱奇沒弄到原件（庫欣也許為了保護富蘭克林將原信謄抄後銷毀）。富蘭克林向達特茅斯勳爵轉交罷免哈欽森和奧利弗的請願書。九月，發表諷刺文章「大帝國縮小要訣」和「普魯士國王敕令」。十月，實驗用油平靜岬角海水。

一七七四年

一月，出席關於罷免哈欽森和奧利弗的請願書的預審。一月二十日，「波士頓茶黨」消息傳到倫敦。由於被指控偷竊哈欽森信件，所以在審理麻塞諸塞議會請願書期間被法務次長亞歷山大．韋德伯恩在樞密院前檢舉揭發為竊賊；富蘭克林拒絕回應韋德伯恩的指控。一月三十一日，被解除北美郵政管理局副局長職務。請求下院否決「波士頓港法案」未獲成功；三月三十一日，該法案成為法律，隨之封港。四月十七日，參加西奧菲勒斯．琳賽的埃塞克斯住宅小教堂的啟用儀式，在英國第一次容忍一位論會眾，為教堂建設捐贈五幾尼。五月三日，韋德伯恩和哈欽森的模擬肖像被車拉著在費城遊街後被處絞刑，用電燒毀。九月五日，第一屆「大陸會議」在費城召開，並採納「大陸聯合會」；通過富蘭克林和其他代理向國王請願。富蘭克林參與兩輪恢復英美之間平靜的談判：一次，顯然在達特茅斯認可下，與商人大衛．巴克利和物理學家約翰．福瑟吉爾談判；另一次，與豪勳爵談判，在豪的妹妹家祕密會見，假裝下棋。在巴克利和福瑟吉爾的要求下起草「英美持久聯盟的幾點提示」，呈交達特茅斯辦公室，考慮過後遭到拒絕。十二月二十五日，在豪勳爵的要求下準備另一套和解條件；這些條件仍然未被接受。十二月十四日，十年沒有看見丈夫的黛博拉．富蘭克林患中風，十二月十九日在費城去世，享年六十六歲；葬於基督教堂。

一七七五年

一月末，與查塔姆伯爵威廉．皮特就查塔姆未成功的和解方案商談數次。二月九日，被議會上下兩院一致採納的給國王的奏章宣布麻塞諸塞處於叛亂狀態。三月二十日，離開倫敦赴朴利茅斯乘船回美洲。航海期間，開始寫和平談判紀實；推測從歐洲到美洲航行時間比反向航行用時長的原因；測量空氣和水的溫度，證明墨西哥灣流比灣流兩邊的海都要溫暖。五月五日，在費城上岸，次日，被賓夕法尼亞議會一致推選為出席第二屆大陸會議的代表。在「會議」的各個委員會上表現積極，其中一個是紙幣委員會，他專門設計圖案和名言準備在大陸貨幣上使用。七月，起草「邦聯條例」，主張美洲的政治主權，但「會議」不願意採取如此大膽的行動。提交建議沒有任何稅收的自由貿易決議案；決議案被束之高閣，直到一七七六年四月六日被最後採納，但附有限制條款：各殖民地可以徵收自己的進口稅。八月二十三日，國王宣布殖民地叛亂。九月十三日，「會議」再次開會，富蘭克林再次在各委員會積極活動。十月四日，隨同委員會離開費城與喬治·華盛頓在他的麻塞諸塞司令部商談；十一月九日，帶著從被占領的波士頓逃離的妹妹簡·梅科姆返回。十一月四日，被重新任命為賓夕法尼亞好幾個委員會和辦事機構的成員，再次被任命為「大陸會議」代表。十一月二十九日，「會議」創設祕密通信常務委員會處理外交事務，任命富蘭克林為委員會委員；十二月，委員會祕密會見法國朝廷代理。撰寫文章、歌詞和模擬墓誌銘鼓舞美利堅人的戰爭努力；十二月四日發表的墓誌銘的結束語被傑弗遜用作自己的座右銘：「反叛暴君就是服從上帝。」

一七七六年

一月，新澤西民兵按「會議」決定行事，剝奪威廉·富蘭克林作為新澤西皇家總督的官職；將其軟禁在珀思．安博伊的家中，六月將其逮捕，押送到康涅狄格囚禁。富蘭克林在「會議」上拒絕為兒子說情。一月十六日，在「會議」上極力支持「邦聯協定書」，但沒有成功。二月十九日，鼓動四個新英格蘭政府組成邦聯，並邀請其他殖民地加入。「會議」命令設計新輔幣，富蘭克林創作十三連環的圖案和「飛溜」設計（後來用在第一批合眾國硬幣，一七八七年的「飛溜」分幣上）。二月二十六日，辭去賓夕法尼亞議會議員職務，以便全力以赴為大陸會議盡職。被「會議」任命為赴加拿大專員；三月二十六日至五月三十日，出使蒙特利爾，身上長大癤子，腿腫，頭暈。六月一日，被「會議」任命為起草獨立宣言的委員會成員；委員會推選湯瑪斯．傑弗遜撰寫宣言草稿。七月二日，投票贊成理查．亨利．李的獨立動議。七月四日，會議採納獨立宣言。七月八日，當選參加「賓夕法尼亞州會議」的費城代表；七月十六日，被選為賓夕法尼亞州會議主席；七月二十日，被州會議任命為大陸會議代表。要求並得到「會議」允許回答豪勳爵的私人來信；七月二十日寫道：「長期以來我以真摯和不倦的熱忱努力使英帝國那只精緻高貴的瓷花瓶不要打碎。」八月十五日前修訂「權利宣言」，提出激進的說明（被賓夕法尼亞會議否決），聲稱本州認為財產大量集中是對人類幸福的一個危險，因此有權不予鼓勵。七月三十日至八月一日，在「會議」辯論「邦聯條例」期間，宣導「會議」中各州的比例代表制，而不是平等代表制，未獲成功。九月十一日，受「會議」委派在斯塔騰島會見豪勳爵；二人無法調解英美分歧。九月，與賽拉斯．迪恩和亞瑟．李一起被「會議」選為出使法國的專員，受命談判條約。秋，起草「和平建議草案」，建議英國把加拿大割讓給合眾國。十月二十七日，離開費城起航赴法，帶著孫子威廉．坦普爾．富蘭克林（威廉的非婚生子）和外孫班傑明・富蘭克林・貝奇（薩拉最大的孩子）。十二月三日，在歐賴登陸，前往巴黎；十二月二十八日，祕密會見法國外交大臣韋爾熱納伯爵。

一七七七年

一月五日，專員們正式要求法國援助；一月九日，路易十六答應回答專員，一月十三日，專員們得到兩百萬里弗赫的口頭許諾。大約二月二十七日，搬往巴黎市郊帕西，他出使法國期間一直住在那裡。六月十七日，當選為「巴黎皇家醫學會」會員。反駁英國大使斯托蒙勳爵散布的英國勝利的報告，使該大使的名字成為笑柄：八月，被問及華盛頓軍隊的六個營投降是否是真的時，富蘭克林答道，「不，先生，不是真的；它只是個斯托蒙。」淡化威廉・豪爵士繞過費城的意義，說「不是他繞過費城，而是費城繞過他」。八月二十五日，訂購五十磅鉛字，顯然要在家裡裝台小印刷機；鉛字的數量表明他計畫只印一些小筆記、表格和文件（一七七八年和一七七九年又買鉛字，從一七七九年至一七八三年，間或僱印刷工印刷較長的文件、小冊子和書籍。也許他也親自印一些小東西）。十二月四日，傳來英國十月在薩拉托加失敗的消息，敦促導致與法國結盟的談判。在帕西地區建立好幾個朋友圈子，包括路易・勒韋亞爾，布里揚・德・茹伊夫人（他給她寫過調情書信和小篇章），烏德托伯爵夫人（讓・雅克・盧梭的情人），尤其是寡婦愛爾維修夫人，她的沙龍包括法國財政大臣安・羅貝爾・雅克・杜爾哥和其他知識界名流。

一七七八年

一月二十八日，專員們向「會議」報告法國一年撥款六百萬里弗赫。二月六日，與法國簽訂「共同防禦同盟」條約和友好商務條約；具有象徵意義的是，富蘭克林在簽字儀式上穿的是他一七七四年一月二十九日在樞密院前被韋德伯恩指控時穿過的同一套褐色天鵝絨服裝。三月二十日，美國專員們被正式引見給路易十六。四月七日，列席伏爾泰的「共濟會九姐妹地方分會」入會儀式。在法國科學院開會的觀眾要求下與伏爾泰擁抱，此舉確認他們為各自國家的知識楷模。四月七日，在倫敦，鮑斯威爾向詹森博士引用富蘭克林關於人的定義：「一種製造工具的動物。」約翰·亞當斯被任命為駐法專員，取代賽拉斯·迪恩，兩人一起共事。六月十七日，法國與英國開戰。七月一日，英國特務提議他協助達成和解計畫，事成後有官方的報答，富蘭克林嗤之以鼻。九月十四日，當選為駐法全權公使。十一月二十八日，主持伏爾泰的共濟會葬禮。

一七七九年

六月二十一日，西班牙對英國宣戰。從法國又獲得三百萬里弗赫。十二月，班傑明·沃恩在倫敦出版《政論、雜文與科學文集》，富蘭克林的第一部非科學專論性的作品全編。

一七八〇年

八月九日，向「會議」報告時任與英國進行和平談判專員的約翰·亞當斯在給韋爾熱納的信中屢屢言語輕侮，得罪法國朝廷，在韋爾熱納的要求下，富蘭克林把書信副本寄給「會議」。此後亞當斯對法國人和富蘭克林懷恨在心。十月二日，拒絕將美國對密西西比河的所有權交出以換取西班牙援助：「還不如一位鄰居要我出賣我的街門。」

一七八一年

二月十三日，寫信給韋爾熱納談美國的財政軍事需求，說明迄今為止西班牙使命失敗，說，「我們只能依靠法國一家。」六月四日和十日，再次向韋爾熱納要錢，不僅要付亞當斯的帳單（此時他在荷蘭）和約翰．傑伊在西班牙的帳單，還要付「會議」的帳單。「會議」任命富蘭克林、傑伊、亨利．勞倫斯和湯瑪斯．傑弗遜與亞當斯一起做和平談判的專員；新指示要求他們只能在法國知情和贊同的情況下行事。十月十九日，查理斯．康華利將軍在佛吉尼亞的約克鎮向華盛頓投降。

一七八二年

繼續向法國要錢付傑伊和亞當斯提交的帳單。二月二十八日，埃蒙德．柏克寫信稱他為「人類的朋友」。三月至六月，與英國使節舉行非正式和談；四月十八日，向談判代表奧斯維德表示英國應將加拿大割讓給美國。七月十日，富蘭克林向奧斯維德提出和平的「必要」條件，事先沒有像「會議」給他的指示所要求的那樣向韋爾熱納通報。七月至十月，傑伊堅持正式談判的先決條件是承認美國獨立。九月二十一日，奧斯維德來自英國的新授權有效地承認美國的獨立。未徵求韋爾熱納的意見，準備好條約草案送往英國。八月至十月，富蘭克林痛風嚴重發作，繼而患尿砂症。十月二十六日，亞當斯到達巴黎，一起參加談判。十一月三十日，奧斯維德和美國專員們簽署和平預備條款；十二月，韋爾熱納抱怨美國沒有與法國人協商時，富蘭克林以外交辭令承認欠妥，表示對法國的感激，要求再次借款。韋爾熱納給富蘭克林保證再借六百萬里弗赫。

一七八三年

一月二十日，在凡爾賽與亞當斯出席英法和英西預備條款簽字儀式；專員們宣布停戰。一月二十五日，要求從法國再借六百萬里弗赫，總數達到兩千萬。三月六日，頭戴桂枝和常春花冠出席巴黎博物館舉行的成功結束戰爭慶典。要求韋爾熱納允許和「邦聯條例」與對法條約一起印刷美國各州憲法的法文譯本；將羅什富科公爵翻譯的法文本送交所有外國使節。四月三日，與瑞典簽訂友好商務條約。一七八三年七月至一七八四年七月，與巴黎的教廷使節商議在美國組織羅馬天主教教會；提出約翰．卡羅爾（此人於一七七六年陪他出使過加拿大）介紹（一七八四年七月，卡羅爾接受任命，為美國天主教神職人員領導，不久領受主教職權）。對早期的實驗氣球升空著迷，向皇家學會會長約瑟夫．班克斯爵士報告；十一月二十一日和十二月一日，兩次目睹最早的載人飛行。語帶譏諷的觀察者問他「這有何用？」他用捍衛純研究的口吻回答：「一個新生兒有何用？」九月三日，大不列顛與合眾國最後和約簽字，英方簽字的是大衛．哈特利，美方簽字的是亞當斯、富蘭克林、傑伊。當選為愛丁堡皇家學會榮譽會員。

一七八四年

一月二十六日，在給女兒薩拉的信中嘲笑「辛辛那提協會」（美國革命元老們的組織）的貴族排場以及把鷹當作美國象徵的做法；以戲謔的口氣提議將美國火雞作為一種更好的象徵。三月，被路易十六委派調查法蘭茲．安東．梅斯梅爾的動物磁性理論；九月四日向科學院宣讀八月二日的「報告」和「陳述」得出的結論：動物磁性不存在。五月十二日，正式批准交換過的與不列顛的和約；翌日，富蘭克林要求辭職回家。也許在暮春，寫自傳第六章。「會議」任命亞當斯、富蘭克林和傑弗遜任聯合專員談判與歐洲各國和巴巴里指埃及以西北非伊斯蘭教地區。各國的條約；八月三十日，他們開始工作。當選為馬德里皇家歷史學會會員。

一七八五年

五月二日，得知「會議」已經給了等待已久的准許讓他回家，已經任命傑弗遜繼任他為駐法全權公使。五月二十三日，描述雙光眼鏡的發明。七月九日，與普魯士簽訂條約，體現關於中立、私掠制、對海上捕獲的私人財產免稅等的理想化觀點。七月十二日，離開帕西；由於膀胱結石使乘驛車旅行非常痛苦，專門提供瑪麗．安托瓦內特女王的一副馱轎給他，由西班牙騾子馱著。七月二十二日，從阿弗爾起航；七月二十四日，抵達英國的南安普頓，前來探望的有兒子威廉（他們前一年達成和解），什普利主教和夫人及女兒凱薩琳，還有別的朋友。七月二十八日，起航前往費城。航行期間，撰寫「海洋觀察」，包括關於改進船速的最佳配帆樣式的筆記；墨西哥灣流的路線、速度和溫度的觀察資料；在惡劣天氣條件下在風中固定航船的海錨設計等。九月十四日，在費城登陸，受到禮炮、鳴鐘和歡呼群眾的歡迎。十月一日，當選為「賓夕法尼亞最高行政會議」成員，任期三年；十月十八日，當選該會議議長，隨後兩年全票連選連任。將薪金捐贈給慈善事業。

一七八六年

一月，設計從高架上拿書的工具。發現市場街住宅（現在由女兒薩拉・貝奇、她的丈夫和六個子女占用）太窄小，將其擴建，包括一間大餐廳和一間藏有四千多冊書的藏書室。

一七八七年

二月，幫助建立「政治研究會」，致力於政府的知識增進；當選為第一任會長。四月二十三日，被任命為經過重組的「賓夕法尼亞促進廢奴協會」會長，為廢奴貢獻餘年和餘熱。五月二十八日至九月十七日，作為「聯邦制憲會議」的賓夕法尼亞代表工作。反對最高行政職位的工資標準。六月十一日，力主國會代表應與人口成正比。六月二十八日提議制憲會議開會時先祈禱；該提議有爭議，被放棄。七月三日，提出代表權的「大妥協」：眾議員代表與人口成正比，參議院各州代表相等；被「大委會」同意，七月十六日被制憲會議制定為法律。八月七日和十日，力主將選舉權盡可能地推廣；宣告為選舉權和任職設定財產資格沒有必要。九月十七日，詹姆斯・威爾遜在制憲會議上宣讀富蘭克林的閉幕詞，敦促每一個成員「對自己的一貫正確要有所懷疑」，將具體的保留意見放在一邊，並一致投票通過憲法。

一七八八年

七月十七日，寫定遺囑，把大部分財產留給女兒薩拉和她的家人；給孫子威廉·坦普爾·富蘭克林和外孫班傑明·貝奇較小的遺贈；引證「在最近的戰爭中他反對我的那部分行為」，幾乎沒留給兒子威廉什麼（一七八九年六月二十三日加了補遺，給了波士頓和費城遺贈）。八月，開始寫自傳第七章到第十一章。十月十四日，結束賓夕法尼亞最高行政會議議長的工作，公職生涯就此終結。

一七八九年

二月十二日，作為「賓夕法尼亞促進廢奴協會」會長，撰寫並簽署致美國國會的第一份反對奴隸制進諫書；經過辯論，三月五日，委員會報告：國會無權干涉各州內部事務。九月十六日，祝賀華盛頓主管下的新政府獲得成功，在有生之年看到合眾國當前的形勢深表滿意。十一月二日和十三日，將自傳前十一章的抄本送給英國和法國的朋友。十一月十三日，對讓·巴帝斯特·勒魯瓦說「世界上，除了死和稅，什麼也不能說是肯定的。」當選為聖彼德堡「俄國帝國科學院」院士。

一七九〇年

二月三日，以「賓夕法尼亞廢奴協會」會長身分請求國會反對奴隸制和奴隸貿易。三月九日，在給埃茲拉·斯泰爾斯的信中重申宗教信仰，表達對仁慈的神的篤信。三月二十三日，最後一篇公開發表的文章諷刺對奴隸制的維護。四月八日，在最後一封信和最終的公眾服務工作中，回答國務卿傑弗遜對巴黎和會專員們確定的東北疆界的詢問；寄去他使用過的一份米切爾地圖。四月十七日晚，在家中平靜去世。儘管最後幾年患膀胱結石痛苦萬分，但死因是胸膜炎，伴隨肺化膿。四月二十一日，葬於費城基督教堂墓地，長眠於妻子黛博拉和兒子弗蘭西斯身旁。

風雲人物 004

富蘭克林

The Autobiography of Benjamin Franklin

作　　者　班傑明・富蘭克林（Benjamin Franklin）
譯　　者　蒲　隆
發 行 人　楊榮川
總 經 理　楊士清
總 編 輯　楊秀麗
副總編輯　劉靜芬
責任編輯　林佳瑩
封面設計　王麗娟
出 版 者　五南圖書出版股份有限公司
地　　址　106台北市大安區和平東路二段339號4樓
電　　話　(02)2705-5066
傳　　真　(02)2706-6100
劃撥帳號　01068953
戶　　名　五南圖書出版股份有限公司
網　　址　https://www.wunan.com.tw
電子郵件　wunan@wunan.com.tw
法律顧問　林勝安律師
出版日期　2012年12月初版一刷
　　　　　2016年 4 月二版一刷（共三刷）
　　　　　2019年10月三版一刷
　　　　　2024年 1 月三版三刷
定　　價　新臺幣320元

國家圖書館出版品預行編目資料

富蘭克林／班傑明.富蘭克林（Benjamin Franklin）著；蒲隆譯. -- 三版. -- 臺北市：五南圖書出版股份有限公司, 2019.10
面；　公分. --（風雲人物；4）
譯自：The autobiography of Benjamin Franklin
ISBN 978-957-763-619-5（平裝）

1.富蘭克林(Franklin, Benjamin, 1706-1790)
2.傳記　3.美國

785.28　　108013910